心のスイッチに火をつけろ！

永田咲雄 著
Sakio Nagata

セルバ出版

はじめに

人は何のために働くのか？

18歳から社会に出て働いた私は、その答えを見つけるのに20年という歳月を費やしてしまいました。

高校を卒業する際、見栄や世間体を気にして一応大学に進学したいと思っていました。しかし、結果は惨敗。大きな挫折を味わいました。そのとき、「このままでは社会で認められる人間にはなれない！　何くそ！　社会を見返してやる！」ということを漠然と考えていました。そんな気持ちから「社長になる」という夢を期限付きで決め、25歳でそれを実現したのです。

しかし、その夢を果たした私は、何のために働いているのか？　の答えがないままに、好景気には、規模の拡大だけを目指し、世間からは当時流行した〈ベンチャー企業の青年経営者〉としてもてはやされました。そして不景気になると、世間からは「調子に乗ってたからだ！」と罵られ、ただ必死に荒波で船（会社）が転覆（倒産）しないように、右往左往して不安な日々を送っていました。

そんな私が不安をワクワクに変えることができるようになったのは、ほんの些細な生き方のコツのようなものを手に入れたからでした。

そこに至るまでには、多くのセミナーに参加したり、凄いと言われる人に会いに行ったりしました。

そしてわかったことは、未来は自分の中にあるということ。自分の思ったとおりにしか未来は拓けません。未来をイメージして、なりたい自分に向かえばそれは叶うのです。

それともう一つ、『今』をどう受け止めて生きるかも、自分自身の問題だということでした。辛いと思えば辛い。でも、自分が『今』を続けるなら、辛い気持をワクワクの気持ちに変えるのです。

本書では、私が20年かかって初めて手に入れた幸せを感じる仕事との関わり方や、物事の捉え方についてご紹介します。

特に、自分の心のスイッチを入れる方法を身につけると、毎日がワクワクして始まるようになります。1日の積み重ねが人生です。ワクワクした人生に変わります。

当社の朝礼が注目を集めています。元々は、メンバーが笑顔になることを目的に始めたのですが、朝礼には色々な効力があることがわかってきました。実は、仕事のスイッチを入れる効果もあるのです。もし、自分の職場を変えたいとお考えの方がおられたら、是非とも元気な朝礼を導入することをおすすめします。

朝礼をはじめ、当社の各種取組みについても、惜しみなく公開します！　みなさんの働く時間が楽しく、明るくワクワクするものに変わりますように。

平成27年4月

熱く！熱く！元気発信！　永田 咲雄

心のスイッチに火をつけろ！「元気発信朝礼」で働き方も変わる　目次

第2章　夢を実現すると夢がなくなる

第6章　幸せに働く為のコツ

序章

1　中途半端な学生時代

高学歴な大人に囲まれて

いきなりですが、私の父は京都大学へ通っていました。

そして、地元の放送局のアナウンサーとして採用され、その後最年少で役員に抜擢された、いわばエリートサラリーマン。

叔父たちも京都大学。

親戚には外交官がいたり、「あいつは頭が悪いから土方しかできないんだ!」と聞いていた叔父は早稲田大学を卒業して大林組で部長職まで出世していました。

父親の自慢話といえば、親戚で一番有名になっていた、第一次南極地域観測隊の隊長を務めた永田武氏のことでした。

3人兄弟の真ん中。普通は真ん中の子は、ほっとかれて育つといいますが、私は幼少時代から喘息を患い、身体が弱かったので、甘やかされて育ち、欲しいものは買ってもらい、何不自由のない、ボンボンといってもいいような少年時代を送っていたのです。

今でも姉に言われます。

「あんただけ、砂糖菓子をもらって、私たち、他の姉弟にはもらえなかった！」と。

この年になっても言われるとは、さすがに「食べ物の恨みは怖い！」とはよく言ったものです。

私は、そんな環境の中で平凡な中流家庭生活を中学の２年生まで送りました。父の転勤で京都から横浜に転居し、そして、また横浜から京都に転居し転校してきた中学２年までは…。

異次元の世界へ

転校手続きに両親と中学校に行きました。学校の前に、パンや文房具を売る小さな売店がありました。私は、赤いパンツに開襟シャツ。髪の毛は、少しロングの流し髪（今では流す髪もありませんが…）。

その店の前で私は、衝撃的な出会いをしました。

髪の毛は、リーゼントに茶髪。ボンタンと呼ばれる、ダボダボで裾の絞ったズボン。

学生服は、チョウランという丈が異様に長くて、袖口にはボタンが４つも並んでいます。

横浜で純粋培養生活を送っていた私にとって、京都の田舎の不良という存在は、まるでテレビで見ていた世界の人たちです。私と不良な人たちの初めての劇的な出会いでした。

始業式が終わって数日たつと、「何をメンチキッとんねん！」とすぐさまこの不良な方々に呼び出され、「お前は生意気なんや！」と囲まれてしまいました。

決して生意気なつもりではなかったのですが、確かに人より少しカッコつけていたのが気に入らなかったのでしょう。

今まで、テレビでしか見たことのないような人たちが、ここにいる…。

ジャイアンとのび太くん

そんな不良な人たちは、クラスにもいました。身体が大きくて、鬼瓦のような顔をして、体中毛むくじゃら。まるでどらえもんに出てくるジャイアンのような印象でした。いつもいつも肩で風を切ってノッシノッシと歩いていています。

その人は、いつもクラスの弱そうな子を捕まえてはちょっかいを出して、嫌がる子を見て楽しんでいました。気がつくと私もその中の1人になってしまいました。

しかし、「このままでは自分の人生が終わってしまう！」そう思った私は、学校のトイレでタバコを吸う、ジャイアンのような風貌の同級生に「おい、俺にも1本タバコくれや！」と言いました。ジャイアンは、「お前タバコ吸うんか？」と言ってタバコを1本差し出してくれました。

中学2年生の5月のある日……。

私は、不良という、テレビでしか見たことのなかった世界に1歩を踏み出したのでした。

私は、ジャイアンに恐れるのび太のような風貌だったと、今思えば笑えてきます。ここでまず1歩、自分の知らない世界に飛び込むことのできた私は、世間的には不良と呼ばれる風貌に変身を遂げるのです。

なぜか友人の親からは絶大な信用

しかし一方では、友達の親御さんには受けがよく、「お前と外出するというと親が安心するから！」と、友達の家に行って誘い出す役割を担わされていたのは、後述する、明るく大きな声で挨拶ができたこと以外には考えられません。勉強もしない、そして学校ではイチビリヤンキー（格好は一人前で一緒にいる仲間は本物なのに、自身では悪いことはできない格好だけのヤンキー）、部活動も必要最低限しかしませんでした。何をやっても中途半端で、友達の誘いを断ることもできず、ズルズルとちょい悪生活を5年間過ごしました。

このときに学んだことは、「知らない世界に飛び込むことが自分の人生を変えていくことだ」ということです。

良くも悪くも、いや、良い意味で私の人生が90度変わったのが、この中学2年生のとき、「俺にもタバコを1本くれや」という一言だったのです。

2　大学受験で大きな挫折

ウ〇コ掃除のアルバイト

バイクや車を乗り回し、マージャンやパチンコに明け暮れ、バイトは露天商。今考えると結構危ないことをしていました。一番変わったアルバイトといえば、怖い先輩に強制的に行かされた、闘犬の会場で、犬が入っていた檻の掃除。つまり、ウ○コの掃除でした。

周りは、腕や背中に絵を描いている怖いお兄さんばかり。私は、俗に言う、こういう方々の準構成員扱いをされていたようです。あぁ…怖い…。

裏づけのない自信

いよいよ、高校3年生になり、進路を決めなければいけない時期になりました。

私は、自分の意思で何かに向かうという目標を持つことができませんでした。毎晩、「友達の家に行って勉強をする」と言っては家を出て、パチンコやマージャンをして遊んでいました。心のどこかで、「俺の親は京大だ！　何だかんだ言っても俺は頭がいいはずだ！　だから高望みしなければどこでも大学なんて受かる！」そんな余裕さえあったのかもしれません。

まったく勉強をしないで受験をするという無謀な行為。

私は、大学に行きたいのではなく、大学には行かなければならないものだと思っていました。親も、当然私が大学に行くと信じていたでしょうし、その期待を裏切ることはできませんでした。でも､心の奥底では「勉強をしなければならない！」という強迫観念から逃れたくて､とにかく「高校さえ卒業すればこっちのもんだ！」という意識があったのだと思います。

つまり、私の目標は、大学に行くことではなく、高校を卒業することであり、大学に行きたいから受験するのではなく、高校を卒業する上で体裁上大学を受験するという形をとっていたにすぎなかったのです。

そんなはずじゃなかった

いよいよ大学受験の季節になりました。

私は、いつも一緒に遊んでいた仲間と大学を受験しました。

「一緒に遊んでいた仲間なんだから、私が落ちる大学は、その友達も落ちる」

そう信じていました。

しかし、現実は、そうは甘くありませんでした。1人、また1人と合格が決まる中、最後まで私は大学から合格の通知をもらうことができませんでした。

その中で卒業式を目前に控えたある日、「高校を卒業したら誰もが入学できる」とまでいわれていた大学の合格発表がありました。

私の高校からは23人が受験し、全員が合格すると誰もが信じていました。

しかし……。

そんな中で不合格者が1名。それが私だったのです。

これが人生2度目の大きな転機となったのです。そう、人生がまたまた90度変わった瞬間です。「何で自分だけが……」。「そんなはずじゃなかった……」。

情けなさと恥ずかしさと、親に対して申し訳ない気持ちと…。とにかく、「このままでは俺の人生はお先真っ暗！」「普通に生きることができない！」。そこまで思い詰めてしまうほど、心には大きなショックが走りました。

私は、自分はそこそこに普通に生きられるだろうと思っていました。私の普通とは、大学を出て、サラリーマンになって、そこそこ頑張って…。周りの大人は、皆そういう生き方をしていました。だから、それ以外の生き方を知らない高校生にとって、自分では処理しきれない絶望感を味わったのです。

3　人と違う人生を歩む

実は自分の思いどおりになっていた

今考えると、受験をしたときの私の本心は、「大学に行きたかった」わけではなく、「高校を卒業して解放されたかった」だけ。だから、それが現実のものとなったのです。人生は、自分が望むようになっているのです。

高校を卒業して何か目標があったわけでもなく、ただただ「嫌いな勉強から逃れたい！」そんな気持ちだったのです。

しかし一方では、「親を悲しませたくない」「人並みの人生を送りたい」という打算がありました。誰も苦労せずに受験に合格する人はいません。少しは受験勉強をしていたと思います。なのに、私は、スポーツに例えると、ズブの素人が何の練習もしないで、練習を重ねてきた人たちといきなりコートに立ってバスケットボールをしたようなものです。

多少、スポーツの才能があっても、バスケットをするには、ドリブルやシュートの練習をしないと、いきなりコートでいいプレーができるわけがありません。

試験に落ちたのは当然のことです。そこでもし大学に合格でもしていたら、私はそのまま中途半端な生き方しかできなかったでしょう。

「今は過去の結果」でしかありません。過去の行動は、自分がやっていたこと、つまり自分の今をどうするかは、過去の自分次第だということです。

松下幸之助との出会い

しかし、高校卒業後の自分に次の目標があるわけでもなく、私は途方に暮れました。

「これから自分はどうなるんだろう?」（どうするという主体者意識は毛頭なく、、常に受身）と漠然と不安を抱いていました。

普段読書などしたことのない私は、春休みを目前にある本を読みました。

それが運命の人、松下幸之助氏の著書でした。

読み進むと、氏は学歴もなく、仕事は自転車屋の丁稚奉公から始め、その後世界の松下と呼ばれる一大企業を育て上げたというではありませんか⁉

私は、そのとき、自分の心が一瞬にして霧が晴れたような気持ちになったことを今でも忘れられません。何と、松下幸之助さんは、学歴がなくても普通…いや特別な存在にまで上り詰めているではありませんか⁉

私の中で一筋の光が見えました。「自分も松下幸之助さんのようになれるチャンスがあるかもしれない！」—そう思うとワクワクしてきました。

判断は経験から

人は、自分の過去の経験や、人から聞いて知っていることの中でしか判断ができません。だから、私は、〈大学に行かない〉＝〈普通じゃない人〉＝〈人生の敗者〉と決めつけていたのです。

しかし、こうしていろいろな人のことを詳しく知ると、自分の知っていた世界とまったく異なる生き方や考え方があることを知りました。

私が今でも様々な人の講演会やセミナーに参加したり、本を読んだりするのは、自分と異なる考え方や生き方をしている人を知って、疑似体験したり、知識としてインプットすることで、いろんな角度から物事を捉える力を培ったり、人間力が豊かになると考えているからです。

私の思考回路が逆流し始めました。今までは、「どうしよう…」という不安しかなかったのが、今度はワクワクとしたプラスの気持ちのスイッチが入ったのです。

自転車屋の丁稚奉公

そうすると、不思議なものです。いろいろなことが繋がってきます。私は、横浜に住んでいた小学生のとき、自転車少年でした。そして、その頃から通っていた自転車屋さんがあったのです。私は、毎年、春休みになるとこの自転車屋さんに京都から遊びに行っていました。

「そうか！　自分はここに行くために、大学受験に失敗したのだ！」

「このタイミングで松下幸之助さんの本を読んだのも、このためだったんだ！」

私の心は、既に横浜の自転車屋さんで働いているイメージで溢れていました。そして、春休みに入ると同時にその自転車屋さんに行き、そこで住み込みで働かせてもらうようにお願いし、4月からそこで働き出したことは偶然ではなく、必然だったと言わざるを得ません。

4　社長になるという決意

人情奪還日本！　昭和の日本を取り戻せ！

横浜の自転車屋さんは、社長と奥さん、そしてそのお父さんという世でいう三ちゃん商店でした。

当時は、社長の子供たちもまだ小学生と幼稚園生。今考えると、そんな家族の中に、私のようなよそ者を住み込みで面倒を見てくださったことに感謝の言葉以外ありません。

バリのアニキこと丸尾孝俊さんがいつも言います。

「メンバーと一緒に飯を食うんや！」

「一緒に風呂に入るんや！」

「時間と場所を共有するんや！」

まさに、自転車屋での住み込み丁稚奉公の生活は、アニキが推奨する、

「人情奪還日本！昭和の日本を取り戻せ！」

という昭和の人情溢れるお互いが他人のことを自分事として考える世界でした。

今でもこのときにお世話になった鈴木社長には頭が上がりません。私の社会人としての生き方を教えてくれたのは、この人に他なりません。

また、私が「靴を揃えて脱ぐ」という当たり前のことができるようになったのは、当時幼稚園に通っていた社長の娘・千穂ちゃんが、「永田君！　靴は揃えて脱がないといけないんだよ！」と自ら私の靴を揃えてくれたからです。

夢は経営者!?

この頃、私に夢ができました。それは、自分の店を持つことです。

自転車屋がいいのか、他の商売がいいのかもわかりません。ただただ、松下幸之助さんのように自分で何かをやりたかったのです。

前述したように、「大学に行かない」＝「サラリーマンは無理」という方程式が勝手にできていたので、私のあこがれは最も近くにいる、その自転車屋の鈴木社長になっていたのです。

実は、私は、当時18歳の小僧ですから、「社長になりたい！」とか「会社にしたい！」とかではなく、ただただ「自分が一番トップのお店が欲しい」と思ったのです。

これを今では、「社長になるという決意をした」という言い方をしていますが、その当時一番イメージしやすかったのは、

「この自転車屋の社長に認めてもらって、もう一店舗出店し、そこの店長をする」

単純にそんな感じでした。

漠然とした夢でありながらも、私の中でその夢は、段々と明確なタイムスケジュールにまで落としこまれていったのです。

たまたま知り合った向かいの洋服屋さんのオーナーが25歳。私は、その人を目標に、

「自分も25歳で独立する！」

という目標ができました。

私が生まれて初めて持つことができた明確な目標がこのときだったと思います。

誰もやらないことを価値にする

自分の夢や目標ができると、すべてがその目標に向かっての過程です。

苦しいことも辛いこともすべてが「自分自身の夢実現のため！」と思うと、何も辛く感じないし、毎日がワクワクしてきます。

人からは、「よく18歳で住み込みなんて、人がやらないことをやりましたね!?」といわれます。それは、私にとって最高のほめ言葉です。人と同じでない生き方を目指したのですから。

大学受験の失敗から、「人と同じことを人並みにできない…」という挫折感を味わい、それを逆手にとって、今度は「人と違うことをやることを価値にする」という生き方を選んだのです。

誰もやらない、住み込み丁稚奉公というのは、私にとっては最高のステージとなったわけです。

私は、自転車屋の丁稚奉公という最高の舞台で、本当にワクワクしながら働きました。

時には辛いこともあったのかもしれませんが、今では思い出せません。

『人生嬉しいことと為になることしかない』

私が尊敬する経営者のお一人である、２０１３年日本 e-learning 大賞に選ばれた、株式会社タオの井内社長の言葉です。

今の私にとっては、当時の苦しいことや嫌なことはすべて為になったことに変わってしまいました。

ネクタイをした仕事に就きたい

そして、4年が経ち、私は故郷に帰ることになりました。京都の実家は滋賀に転居していたので、私の帰るところは、何も知らない滋賀という土地です。

知らないことに興味を持ち、そういう世界に飛び込むことには何の抵抗もない自分でしたので、夢と希望でルンルンして滋賀に帰ったのを思い出します。

滋賀に帰ってから1度、ある事業を企てました。しかし、その事業は、マーケット的に滋賀では成り立たないとわかり、すぐさま転職活動です。

そのときに探した転職先の条件は、

「ネクタイをして仕事ができるところ」

でした。

油まみれの仕事を4年間していたので、今度はネクタイをして仕事をしたかったという単純な理由です。父親や親戚がネクタイをして仕事をしている人が多かったので、1度はネクタイをした仕事にも就きたいと憧れていたのかもしれません。

私は、新聞や求人情報誌に掲載されている会社に片っ端から面接に行きました。しかし、どの企業も履歴書と面接だけで落とされました。ここには大きな「学歴の壁」が立ちはだかりました。

「やっぱり、高卒じゃ、ネクタイを締める仕事は無理なんだ」

半ば諦めかけたときに、、運よく私を採用してくれる会社が見つかりました。

そこは、業界最大手といわれる求人広告会社でした。アルバイトという雇用形態でしたが、ネクタイを締めてする仕事だし、営業という、今まで経験したことのない職種です。

私は、嬉しくて仕方ありませんでした。

「ネクタイを締めて仕事ができる！」ということが（笑）。

絶対に負けないために

結局、私は、２年弱この会社で仕事をさせてもらいました。周りは、父親の出身大学やそれにも劣らない名だたる有名大学の出身者や在籍者が大半です。

この中で自分をどう表現して居場所をつくれるのか…？　私は、必死で考えました。

普通に頑張っても、経験や能力では勝てっこない。そこで、私は、自分を分析しました。

(1)　自分には知識や能力もない。そこで生き残るには、持ち前のバイタリティで努力するしかない。

(2)　上手くいかないことも、嫌なことも、夢の実現に向けてすべてを自分の学びにする。

(3)　誰もが嫌がることを率先して引き受ける。

私には、そんなことしか思い浮かびませんでした。いや…できることはそんなことくらいでした。

朝は誰よりも早く出勤し、

電話は一番に取り、

電話を掛けまくり、

挫けない。

そんな根性ドラマのようなことで、私は、この会社で一流大学を出た人たちと肩を並べることができました。

この頃から、大学を卒業した人たちと一緒になって仕事をしている自分に自信もついてきて、25歳の独立起業までのよい勉強期間となりました。

そして、いよいよ、25歳の誕生日を迎える直前に退職。25歳で起業するという夢に向かって歩み始めたのです。

5　社長になって気づいたこと

社長になるための手段？

社長になるには、その事業内容を決めなければなりません。

一緒に働く仲間も必要です。

しかし、私は、事業内容はどうでもよかったのです。

目的が「社長になる！」ということでしたので、それが自転車屋であろうが、八百屋であろうが、広告屋であろうが、そんなことは小さなこと。事業内容や一緒に働く仲間は誰でもよかったのかもしれません。

または、早く社長になるために考えていた手段だったのかもしれません。

独立欲が強くて、事業欲は弱い。

こんな私がよくも社長になれたものだと、今では奇跡に近いことだったと思います。

そこには、数々の出会いがあり、いろんな人に助けてもらったり、寄り添ってもらったりしました。

当時、一緒に共同経営を始めた井上昌宏氏（現株式会社ナスカ代表取締役）や宮川印刷株式会社の宮川社長（現会長）、そして無償で夜中になると事務所に集まって仕事を手伝ってくれた古き仲間たちの応援があったからだと痛感します。

社長になったはいいけれど……

さて、社長になったはいいが、初めての経験ばかりです。

共同経営の専務と2人で出し合った１００万円が私たちの資本金です。

何から用意していいのかわからず、まず準備したのは名刺と電話でした。

当時は、パソコンもインターネットも普及していない時代です。何をするにも電話が通信手段です。

印刷会社の倉庫の2階を間借りして、当時やっと普及し出したワープロで企画書をつくり、次は営業です。

しかし、営業に回るための会社の車があるわけではありません。個人の車を走らせ、滋賀県中を走り回りました。

コピー機やファックスも必要です。封筒や印鑑もつくらなければなりません。

もちろん、お客様からお金をいただくより先に支払いをしなければならない。原価も発生します。

理想の社長と現実

ふと思いました。社長って、お金持ちで、時間にも余裕があって、人に命令して人が働けば自分が儲かるものじゃなかったのか…？

私の憧れていた社長像とそのときの自分を比べると、かなりのギャップがありました。

でも、不思議と不安や不満はありませんでした。

元々、「社長になりたい！」という夢の目的は、「人を見返すため…」「人に認めてもらうため…」「大学に行かなくても大学に行った人に負けていないことを証明するため…」、名誉やお金など自分の都合だけのことでした。

でも、現実には、人を見返すどころか、半年間給料ゼロで、毎日遅くまで骨身を削って仕事をしている。人に認めてもらうどころか、「近くに怪しい事務所がある！」と近隣住民から警察にタレコミがあり、毎月警察が見回りに来る始末。大学を出て一流企業に勤める人に比べて、すべてにおいて劣っているし…。社長になって何も実現することはありませんでした。

ただ1つあるとしたら、「人に指示されることなく、すべてにおいて自分たちの裁量で決めれること」だったんだと思います。

人は、自分で決めたことや、自分の夢や目標に向かっているときが一番輝いているし、充実しています。それは金銭が豊かになったとか、他人からの評価でもなく、自分自身の気持ちの問題なんだと気づかされました。

後々記述する〈幸せに働くためのコツ〉は、実はお金や名誉ではなく、もっと違うところにある！と薄々気づかされていたのかもしれません。

6　自分が描くようにしか人生はならない

俺にも1本くれや！

ここまで読んでいただいた方は、もうお気づきでしょうか。実は、私のここまでの人生は、自分が描いたとおりになっているのです。中学2年生のときに、90度方向が変わった「俺にも1本くれや！」は、この不良グループのいじめから逃れるために自分でそのグループに入るための言葉でした。そして、大学受験はしたものの、行きたいと思っているのではなく、早く高校という縛りから解放されたいと思っていました。

実は、これも、自分が描いていたとおりになっています。

とにかく高校を卒業できたのですから。

次の選択肢となったのが、自転車屋の丁稚奉公に行ったことです。私は、松下幸之助さんの本を読んで、「自分でも経営者になれるかもしれない!!」「そのためには自転車屋の丁稚奉公が最適！」と思い込んでいました。

だから、そういう御縁を大切にしていたのかもしれません。これは御縁と思いのダブル効果がフィーバーした、人生最大の傑作です。

思ったとおりになっている

もし貴方が、今、どこかにお勤めだったら、それを選んだのは誰ですか？

敢えて今お勤めの職場に行きたくなければ、断ることもできたはずです。

貴方が「この会社で働こう！」と決めたから、今そこにいるのです。

貴方の隣にいる奥さんや旦那さん、彼女や彼氏と上手くいかずにイライラしていませんか？

でも、その人と一緒に居たいと思ったのは誰ですか？　それは、あなた自身のはずです。

もちろん、その過程には、しつこくプロポーズされたからとか、断りにくかったからと、いろいろな理由はあるでしょう。

でも、考えてみてください。今ある貴方の周りの現実は、ほとんどが貴方の描いたとおりになっているのです。

正解を探すと迷う

人は、人生を選択の連続の中で生きています。

知らず知らずのうちに自分で選択したことが、今に繋がっているのです。

だから私は、メンバーや若い経営者に、

「夢や目標は持ったほうがいいよ！　そうすると判断するときに迷わないから！」

とよく言います。

夢や目標を持たないと、迷ったときに正解を見つけて判断をしようとします。

でも、私たちが日々仕事をしている中で、正解というのはなかなかありません。ですから悩むのです。悩むと、心はマイナスになります。

マイナスの気持ちは、決して幸せな気持ちとかウキウキした気持ちではありません。

でも、同じ迷ったときにでも、夢や目標に到達する道筋としてどちらがいいのか？　と判断すると、すぐに結論が出ることも多くあります。

悩むとは止まること

「悩みは次のステップへのバネだ！」とか、「悩むことが成長だ！」という人がいます。私も、時には自分を休ませてあげる（立ち止まって休憩する）という意味では、悩むのも少しはいいのかもしれないと思います。

しかし、基本的に、悩むという思考のときは、前に進むのを止めているときなので、あまり意味がないと思っています。

悩むときは、どの選択肢を選んでも、苦難やリスクがあるときです。

どちらかを選ぶことで、どちらかを切ったり諦めたりしなければならないときです。

人は贅沢です。あれもこれも手に入れたいし、できれば楽な道を歩みたいと本能的に思うものです。だからこそ、夢や目標を持つことで自分の中の判断基準ができ、迷わずに判断できることが幸せにワクワクする働き方ではないかと考えます。

「悩んだ末に何もしない」ということだけは避けたいです。

よく、物事に失敗はない！　諦めないでチャレンジし続けたらできないことはない！　といいます。失敗の先には、成功があります。ですから、「失敗は成功の元」なのです。本当の失敗は、何もしないことです。まず、一歩を踏み出すことです。

悩んだ末にどちらかを選ぶのであれば、悩まずに考えてスッと答えを出して前に進むほうが、素敵だと思いませんか？

たった一度きりの人生。何かに向かって自分が描くストーリーを演じる主役となり、ワクワクと楽しい人生に変えようではありませんか！

スイッチの入れ方

ここで迷いがなくなり、進む方向が決まったとしましょう。多分、今までと少し違うことを始めることになると思います。

こんなときに、よく私は、「極端に、徹底的に、大げさなくらいにこだわって！　その方向へ行くスイッチを押せ！」と言います。

進むと決めたと言いながら、まだ迷いながら、恐る恐るジワジワ変わろうとしても、結果的に何も変わりません。決めたことは、決めたときから、すべてにおいて徹底的にそうすることで、その人の本気でそれをやろうとしている覚悟が見えます。

後で述べますが、覚悟の決まった本気の人にしか、応援者や理解者は現れません。ですから、本気で決めた方向のスイッチを、これでもか⁉　というくらいに思いっ切り押し続けるのです。

この押し続けるというのは、行動、言動、表情、考え方のすべてです。徹底的に意識するのです。人は新しいことや変化することを拒もうとします。だからこそ、徹底的に大げさなくらい、ある意味、自分の言動で自分を導くように思いっ切りスイッチを押して振り切るのです。

それでやっと少し変化できるかも知れません。

第1章

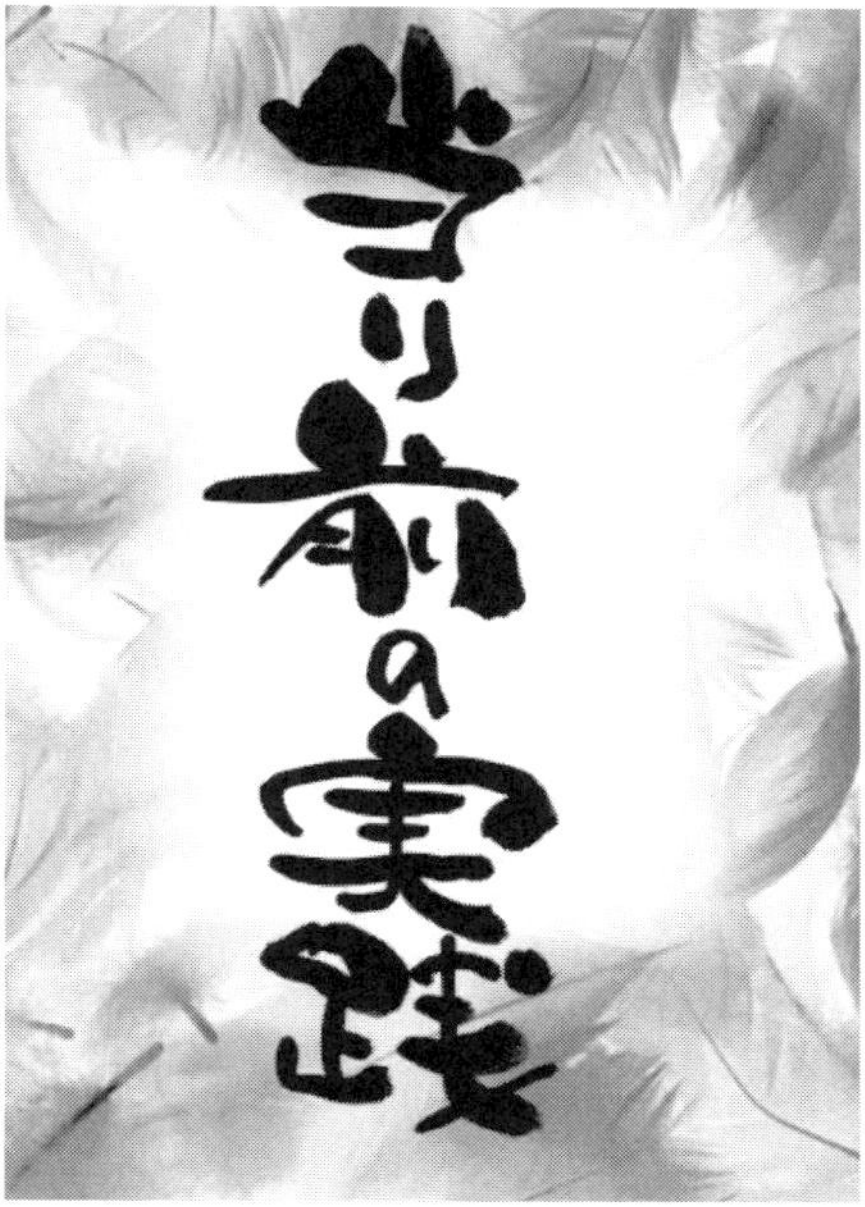

1　当り前とは何か

人によって当り前は違う

私は、よく「ちゃんとしよう！」という言葉を使ってしまいます。

では「ちゃんと」とは、どういうことなのでしょうか？　一緒に少し考えてみましょう。

会社に訪問者があった場合、一斉に起立をしてお客様に挨拶をする会社があります。実に気持ちが良いと感じます。

最近は、ガソリンスタンドやロードサイドのサービス業で、お客様が見えなくなるまで深々と頭を下げてお辞儀をして見送ってくれるお店があります。これもまたていねいで素晴らしい取組みだと思います（たまに、それが気になって、混んでいる道に出るのを焦ってしまいますが）。

しかし、これを会社の決め事でやっているのではなく、個人でやっているとしたらどうでしょう？

あるオフィスの情景をイメージしてみてください。

Aさんは、来客に向かって笑顔で起立をして挨拶をします。

Bさんは、立たずに振り向いて目を合わせて挨拶をしたとします。

Bさんは、他のお客様との約束の締切りがあと10分に迫った仕事をしていました。Bさんは、一瞬迷ったと思います。「立ったほうがいいのはわかっている…でも、今やっている仕事のお客様に遅れて迷惑を掛けてもいけないし…」

一方のAさんは、Bさんを見て、「あの子、私が立って挨拶しているのに、座って挨拶してまた仕事をしていた！　何てちゃんとできない子なの!?」。そう思ったかもしれません。

さて、貴方がBさんの立場だったら、どうしますか。

当り前を口に出して共有する

そうなんです。こんなことが仕事の上では沢山あります。

こういうことが、人間関係の歪みにもなりかねません。

人が退職する一番多い理由が、人間関係です。人間関係というのは、人と人との波長であったり、信頼関係であったり、認められるという承認の有無をいいます。

多分、このBさんのことを上司が「何故、立って挨拶をしないんだ！」と怒鳴りつけたら、Bさんは「私は仕事を締切りに間に合わせて、お客様のお役に立てるように頑張ったのに、何故怒られなきゃいけないの!?」と言って退職してしまうかもしれません。

逆に、上司がBさんについて何も言わないと、Aさんは「私だけ頑張っているのに評価してくれない！　そんな、頑張っている人を評価しないで、頑張らない人と同じ扱いなんておかしい！　何故上司はBさんを怒ってくれないの!?」と言って退職してしまうかもしれません。

どちらも、一方のちゃんと仕事をするという見方からすれば、最もな考え方かもしれません。ですから、会社やチームには、数々の決め事が必要になるのです。例えば、この場合だと、「来客のときには、全員が立って笑顔で挨拶をしましょう！　ただし、どうしても手が離せない人は、極力笑顔で会釈をしましょう！」と決めておくのです。

そうすると、Aさんは Bさんを見て、「あっ、Bさん忙しいんだ」とわかるでしょうし、Bさんも座って仕事をすることに迷いを感じなかったはずです。それがお互いの信頼関係になるし、人間関係の向上にも繋がるのです。

当り前を共有すると信頼になる

つまり、会社として、組織として、人対人の関係においてルールがあることが、信頼や安心になるということです。

これは、人との関わりの中で人間関係がギクシャクしないためにも是非おすすめです。これを組織ぐるみで行うのが、「会社の（組織の）当り前のレベルを合わせる」という会社や組織の社風づくりであり、人の品質にもつながっていきます。

「お宅の会社のメンバーさんって皆●●ですね！」と言われるようになるのは、こういった会社のルールが社風になったときだと思います。

そのルールは、暗黙のルールでも明文化されたルールでもかまいません。

「皆が、当り前にそう考えて行動できる」ということが大事なのです。当社がいつもお客様から「お宅のメンバーさんは皆、明るくて元気がいいですね！」と言われるようになったのは、朝礼で毎朝その当り前レベルを合わせているからに他なりません。

2　共に育ち共に歩む

社名の由来

私が会社を創業するにあたって、共同経営者の井上氏といくつかの取決めをしました。「当り前の決め事」です。

その1つが、社名の由来でもある『「Side-By-Side」一緒に歩もう！』ということでした。「私たち2人はずっと一緒に歩もう！」という意味でした。そして、将来、一緒に働くメンバーさんを迎えるときが来たら、その仲間とも共に歩む。お客様と当社の関係も、共に歩む。

商売では、損得という言葉がよく出てきます。得をしたから利益が上がった。損をしたから利益が出なかった。そんな関係ではなく、専務と私、経営者とメンバー、会社とお客様がお互いに繁栄するという、今思えば近江商人の三方よしに似た考え方が根底にありました。

この考え方は、Ｂ-ｓｉｄｅ　Ｐｌａｎｎｉｎｇ（ビイサイドプランニング）という社名そのものであり、現在も創業理念として会社の考え方の根幹に流れています。

よく、商売で「泣かされる」という言葉がありますが、当社の中では泣かされることは悪です。お客様を泣かせてしまうことがあれば、一緒に泣くことはあっても、お客様が笑っているのに私達が泣いている姿は想像できません。

それは、共に歩むという創業精神から外れているからです。

経営者とメンバーも資本主義的な考えでいう、雇用主と労働者という考えではなく（法律的には雇用主の責任はあるし、それを逃れようとするものではありません）、あくまでも「会社の目的や目標を目指す仲間が集っている」という考え方です。

役職名で呼ばない

当社では、創業時から、「社長」だ、「専務」だ、「部長」だと呼ぶこともありません。

もちろん、対外的には、「ウチの社長が…」とか、「部長が…」ということはありますが、社内では、役職名で呼ぶことを禁止するというルールがあります。

あくまでも役職は便宜上の名前であり、役職が上の人が決して人間的に偉いわけでもなく、共に歩むパートナーとして、新人も社長も認め合い支え合う1人の人間として、仲間としての関係を築いていきたいという思いからそうしています。

この役職名で呼ばないルールは、他にも沢山の波及効果が生まれました。それは、お互いの距離感もグンと縮まることであったり、新入メンバーも社長や上司に気軽に声が掛けやすくなったり、何よりも会社の仕事上だけでなく、１人の人間としての付合いもしやすくなりました。

「一緒に食事に行こう！」という話になっても、飲食店で酒を飲みながら社長、部長と呼んでいたら、どうしても仕事の立場での話になりがちです。でも、役職名で呼ばないことで、話の話題も多方面に及ぶし、お互いに馬鹿笑いもできます。

社会の常識がすべてではない

入社したての人は、最初、恐る恐る名前で呼びます。何故なら、社会の常識が役職名で呼ぶと思っているからです。社会の常識がすべての正解だと思っている人が多いからです。社会の常識だけで会社を運営していたら、よその会社と同じサービスしか提供できません。

他社がしないことをしたり、他の人がしないことをするからこそ、それが特徴になり、オンリーワンの存在になれるということです。そう考えると、私がやってきたことは、すべて他の人がやらないことをやってきたように思います。

バリのアニキも言います。

「人がやらんからやるんや！」

そのことが、差別化に他ならないからなのです。この役職名で呼ぶことの禁止も、創業理念の「共に歩む」という思いから定着しているルールなのです。

3　身内を入社させない

将来の目指す姿から逆算する

普通は、小さな会社を創業すると、家族ぐるみで必死になってその仕事を支援します。だから、多くの中小企業では、社長の奥さんが金庫番としていつまでも君臨をしているのです。

当社は、前にも書いたように共同経営で創業しました。私と専務の２人で始めた会社です。そのときに決めたことは、前節で書いた［Ｓｉｄｅ‐Ｂｙ‐Ｓｉｄｅ］という創業理念です。つまり、２人が共同で一緒にやらなければこの理念から反します。

当時、私も彼も独身で嫁もいなかったこともありますが、一般の中小企業を見ていて、奥さんが経理をしている会社が凄く不透明に見えていたし、企業というより同族の家業に見えたのもありました。将来の自分たちのなりたい姿は、家業ではなく企業のイメージです。

創業時、６畳１間の間借りした倉庫の２階の１室で、描いていた将来像は、「キレイなオフィスを構え、笑顔で働く仲間で一杯の輝く企業！」。

そこには、自分の嫁さんや身内を社内に入れるという選択肢は、全くありませんでした。将来のイメージを大切にしていたからです。

不透明をなくす

私が考えた社長（トップやリーダー像）は、不透明や不明瞭をなくさないといけないと思っています。これは、トップやリーダーだけでなくても、人と関わるときに疑われるようなことはしてはいけない、という考え方でもあります。

社長は、メンバーとは立場が違います。身銭を切って会社に費やし、法務局に行って登記簿謄本をあげれば、個人の自宅までわかってしまいます。

まさに、公人というよりは、会社そのものと同じです。それだけに、会社の金は俺の金、俺の金は会社の金　と公私混同してしまいがちです。

メンバーの人たちから見ると、同じ働く仲間として「わかっているけど納得できない」「そりゃそうだけど、見たくない」、そんな一面だと思います。

普通は、社長がどれだけクリーンな経営をしていても、メンバーの人には見えません。見えないからこそ、キッチリとしないといけないのです。

これは、職場に慣れた先輩メンバーが、後輩から何をやっているのかわからない状況をつくってはいけないのと同じことです。

経理こそ他人に任せる

私は、ただでさえ不透明に見える会社と社長の経理状況を、あえてオープンにする必要があると思いました。ですから、創業以来、経理は、一般募集で採用した人たちに任せています。私の経理の支出を見張ってもらっています。そこに自分の身内を入れてしまうと、「どうせ、社長は上手くやって俺たちが稼いだ金で領収書もらって飲み食いしてるんだろう…」「個人の車だって言ってたけど、あれも会社の経費じゃないの？」、そう思われても仕方ありません。

当社では、経理の担当者が会社の通帳に印鑑も押せるようになっています。あえてそうしているのは、信頼していることを明確に示すためです。信頼するからしっかりと仕事をしてくれます。これを、「信頼できないからお金は触らせない！」と言って、自分の身内にお金を任せたら、その経理の人からも、「社長の都合のいいようにできるから身内を入れた」と思われてしまいます。

この社風は現在も続いており、今でも領収書で経費をもらおうとすると、社長であれ一般のメンバーと同じ手続を踏まなければなりません。これは面倒ではありますが、すべては信頼のためです。

4　本業以外の投資はしない！

バブルで投資話

私が創業したのは、昭和61年。世の中がバブル景気に沸き立つ直前でした。

創業して2年も経つと、世間では戦後最大の好景気になり、株や土地が暴騰しました。

多くの経営者が株や土地に手を出し、あぶく銭を手に入れ、毎晩祇園の街（京都の一大飲み屋街）をホステスを連れて徘徊していました。

証券会社が毎日のように、「これを買わないなんて、バカですね！」と言わんばかりに、強引に営業に来ます。先物取引や不動産投資、ゴルフやレジャークルーザーの会員権なども高値で売買され、誰しもが少なからず福利厚生とか、資産の運用という名目で会社のお金を投資に回していました。

私も一瞬そちらに目を奪われかけた時期がありました。

そのとき、専務が個人のお金で多少なりとも投資をして儲けていたのです。隣にいる人が儲け話をしているのに、興味を持たないほうが難しいです。

私も思わず、「今、会社のお金に余裕があるから、何か儲かりそうな株を買おうか～？」と専務に持ちかけたことがありました。その際、専務がキッパリと、「会社のお金は本業以外に投資するもんじゃない！」と私を諭してくれました。

私も軽い気持ちで言ったし、儲けている専務からそんなお咎めの言葉をもらうとは思わず、戸惑いました。

でも、すぐに自分が恥ずかしくなりました。専務の言うとおりです。

私たちの企業価値は、お金儲けだけではないはずです。社会的に自分たちが存在している意味があるはずなのに、若くて目標を見失っている自分には、お金を儲けることしか考えられなかったと、今でも恥ずかしい気持ちになります。

バブル崩壊で泡と消える

その後、バブルも崩壊して、投資目的の商品は暴落。多くの人たちが、本業ではない投資の失敗で会社を潰したのを目の当たりにしました。つい先日までシーマ（バブルの象徴と言われた日産の高級車）を乗り回し、金のブレスレットをしていた社長たちが消えていったのです。

当時の専務の一言がなければ投資に気持ちが行き、本業も危うくなり、バブル崩壊で一気に会社が傾いていたと思うとゾッとします。

やはり、いろいろな金儲けの手段はあるでしょうが、私は、地道であれ、本業でコツコツとやっていくことが性に合っていると思います。バブル崩壊後の潰れていく会社を見てしまっただけに、本業以外の投資については、今でも腰が引けてしまいます。

人は単純な生き物です。成功体験ができたらグングンそれにのめり込んでしまうものです。

傍を楽にする

働くことの目的を金儲けと勘違いしてしまいます。本来、私たち人間は、傍を楽にすることを「傍楽」→「働く」と呼んでいます。傍が（人が）楽になる（役に立つ）ことこそが、本来の働くことの目的なはずなのに…。

飯を食うためや、金儲けのためだけに働くのは、野生の動物が空腹を満たすために狩りをするのと同じになってしまいます。食べ物のある場所を転々と移動する動物も、食べるために生きているのか、生きるために食べているのかわからなくなります。

「食べるためだけに働く」のは、あまりにも寂しいことです。金儲けの手段としての投資は、間違いではないのかも知れませんが、働くことが投資と勘違いしてしまっては、私たち人間として生まれてきたのに、「人間らしく働く」ということを忘れてしまうことにならないか心配です。

人は、お金という目に見える価値に非常に弱いものです。

それは、「満足」や「不満足」という物理的な数値化がしやすく、人と比べやすいからどうしても目が行ってしまいがちです。でも人は、満足、不満足という考え方の軸と別に、「幸せ」という目に見えない軸を持っています。お金儲けが悪いこととは思いませんが、「満足軸（数値化して人と比べられる軸」と「幸せ軸（自分の心のありよう」のバランスが大切なのだと感じます。

5　大手企業のように

人間関係が最大のモチベーション

私は、三ちゃん商店であった自転車屋と、大手の情報出版会社の２社を経験してきました。

そこで感じたことは、三ちゃん商店では人間は磨かれるし、人の温かみを感じることができます。でも、一方で、人間関係が仕事のモチベーションの最も大きな要因になります。少人数の中でいつも決まった人だからこそ、上手く行くときは非常にモチベーションも上がるし、悪くなると逃げ場がなくなってしまいます。

大手であれば転勤や部署移動もありますが、三ちゃん商店では、そこで働く数人のメンバーと気が合うか合わないか？　友好的な人間関係が保てるかどうか？　で、人の働く気持ちが大きく変化してしまいます。

ちゃんとした会社づくり

そこで、私たちは、創業間もないときから比較的大手企業に準ずる体制づくりをしてきました。創業してすぐに有限会社化（当時は資本金1、000万円以上でしか株式会社がつくれなかった）し、社会保険も完備、社章や経営理念なども作成し、名刺や身なりを外から見たら「ちゃんとした」の印象をつくりました。

これは、信用という商取引に最も重要な要素を外堀から埋めるためです。

そして、採用において、応募者が安心できる会社づくりという側面もあります。

営業現場では、広告の契約は口約束が当り前の時代に、私たちは大手企業と同じように申込書をつくり、その申込書が社内伝票として機能するように仕組みをつくりました。

また、集金はほとんど行わず、銀行振込みを徹底してお願いしました。それは、集金を忘れたり、払った！　もらっていない！　という金銭的なトラブルを防ぐためと同時に、集金に行く時間を営業する時間に充てたかったからです。

大企業では経理公開をしていると聞くと、当社もすぐに全メンバーに経営数字をオープンにしていました。これは、創業期に２人で共同経営であったため、ガラス張りにしなければならない！　という思いと、「誰に対しても胸の張れる会社」をつくりたかったからです。

この方針は、現在でも経営方針に明記されています。

真夏でもスーツにネクタイを着用。当時、同業者では珍しいスタイルでした。これも自分たちを信用してもらうための作戦です。それが25歳の独身２人で始めた会社です。

当時は、お客様からは、「どこに住んでいるのか？　結婚はしているのか？　前職は？」など、仕事に関係のないことも沢山聞かれました。

私も専務も実家で両親と暮らして居ましたが、幸いにも専務の実家が地元の大地主だったこともあり、私のことを聞かれても、専務の家のことを話すと安心されるという皮肉な場面にも何度も遭遇しました。

だからこそ、個人の信用ではなく、会社としての信用を早く高めたい！　その一心です。

取引先においても、信用を得ることに努力をしました。

当社は、今でも支払先に対しては振込手数料をこちらで負担しています。私たちのような何の信用もない会社にツケで物を仕入れさせてくださる取引先には、感謝の気持ちを表現するにはこれくらいのことは当り前だと思っていました。

当り前のことかもしれませんが、今日まで支払期日に1日も遅れずに決済をし続けているのは、創業期の取引先に対する感謝の気持ちからなのです。

信用とは？　期待を裏切らないこと

会社も人も、どれだけ仕事ができても信用してもらえなければ取引は始りません。

時間を守る。

挨拶をキチンとする。

靴は揃えて脱ぐ。

身だしなみは清潔に。

そんな仕事に直接関係のないような些細なことでも、人から見た印象は全然違います。まずは、相手の期待を裏切らないことが、最も信用を得る上で必要です。不安を感じさせないことも信用です。

逆に、当社では、取引先を決めるとき、それに関わる人が玄関で靴を揃えて脱げないと取引をしません。それが、例え重要な仕事の希少な存在であっても、靴を揃えて脱げない人、挨拶をキチンとできない人は、私たちの願うサービスを提供してもらえないと思っているからです。

多分、靴を揃えたり挨拶ができない人は、仕事で揃えたり相手の気持ちに立ったコミュニケーションができない人だと思っています。

「それはそれ！　これはこれ！」という人もいますが、普段無意識でする行動こそがその人の本質だと思います。

私たちは、日ごろから「周りの人に監視されているんだ！」というくらいの気持ちで仕事に取り組まないとならないと感じます。

6　支出を抑える考え方

原価とは

こう書くと、「ただのケチ」と思われても仕方ありませんが、利益を上げるうえで、最も重要なことは、売上の上げ方と経費の使い方だと思っています。

大きく分けて、経費には３つの種類があります。

１つは原価です。商品をつくるためには、お金がかかります。商品を仕入れるのも原価です。売上げを上げるためには、売る商品やサービスが必要なので、原価は必ず発生します。業種や業態によっては、直接原価がゼロの場合もあるでしょうし、支払いが商品が売れて入金してから発生するものもあるかもしれません。

この原価も、時間軸のずれはあっても、本来売上に対して比例するものです。ですから、売上を上げるためには、必ず必要な経費です。よく「お客様に最高のサービスを提供するために！」という思いから、売価を考えず、原価を高くしてしまうこともありがちですが、ここは、適正利益をもってお客様にサービスを提供する必要があります。

皆さんのサービスが、お客様にとってなくなっては困るサービスであればなおさらです。

適正な利益を考え、原価や売価を設定する必要があるのです。つまり、原価は、それに見合う売上が見込めるならドンドン使うべき経費です。

ただ、ここで問題なのは、例えば「原価を３００円アップして、その分３００円の売上増を狙う」というのはどうしたものかと思います。会社には消費税もかかります。売上が大きくなると、運転資金も多く必要になります。原価をアップして良い商品にするなら、やはり、売上アップして適正利益を得るようにしないとなりません。

販売管理費とは

次に、経費の中に挙げられるのは、コストといわれる経費です。

一般的には、販売管理費と呼ばれています。

この販売管理費こそが、経費なのです。経費削減！　といわれると、一番に見直されるのがこのコスト部分の経費です。光熱費や接待交際費、人件費もこの中に含まれます。この経費の考え方を整理すると、人が働くための環境に使われる費用や販売を促進するための費用と、そうでない費用に大別されます。

ここで経費の削減を誤ると大変なことになります。労働環境が悪化して、働く人たちのモチベーションは下がるし、間接的に売上に関わっていることを減らすことで後々大きな売上減につながることもあります。

もちろん、直接的な人件費は下げてはいけません。メンバーにも生活があります。守るべき家族もいるかもしれません。人として生きるため（飯を食う）ということを考えても、ここを下げてはなりません。

本当に削るのはコスト

ですから、経費として削減するのは、本当にコストの部分です。

人に関わる部分は、未来への投資です！　教育費や人件費も、今は一人前でない人に対して未来に回収してもらうための投資という考え方が必要です。

経費節減!!　と言っている会社は、働く社員の方がどことなく覇気がない気がします。

電気代の節約のために、蛍光灯を間引きするのは、どちらに入るのか？　私はそのことでそこで働く人たちがどんな気持ちになるのか？　によってコストになるのか未来への投資になるのか？

が決まるように思っています。

つまり、コピー用紙を安く仕入れるとか、社長の飲み代とか、今まで当り前のように支払っているコストを見直すことが重要です。当社の場合、誰も読まない月刊誌の購読や、お付合いで入らされた、訳のわからない団体の会費などがそれに当たります。

人がやる気になることにつかう

当社は、創業1年目からメンバー旅行を実施しました。

決して儲かっていたわけではありませんが、少人数のメンバーが一丸となるためのいい機会だったと思っていたからです。

メンバー用の社用車も新車を導入しました。私や専務は、ボロボロの中古車に乗っているときにもです。

それも未来への投資です。

現在もその考え方は一貫しています。私は、現在まで社用車はほとんど中古車しか乗っていません。社長の車は、メンバーのモチベーションに繋がらないし、コストだと思っているからです（1度だけバブルのときに新車を買いましたが、何だか落ち着かなくて、すぐに売って、9万円の中古車に乗りました）。一方、メンバーには、新車を買います。

特に、利益が出ているときにはそうします。それは、メンバーのやる気を促進するからです。

いつも私の頭の中では、「この費用は原価なのか？　コストなのか？　投資なのか？」という判断をしてきました。これは、税務上どうだとかは関係ありません。自分の考え方だけの問題です。

経費の使い方で大切なメンバーを失う

こんなエピソードがあります。

創業期に専務と２人でゴルフセットを買いました。ちょうど会社も少し儲かってきて、お客様や取引先からもゴルフに誘われる機会が多くなってきたからです。

別に、個人で購入しても良かったのです。でも、そのとき、当社の顧問をしていただいていた税理士さんから悪魔の囁きが…。

「社長、ゴルフバッグは経費で認められますよ！　共同経営だから２つ買っても大丈夫！」

さすがに、

「そのお金、使わなかったら税金で半分持って行かれますよ！」

とまでは言われませんでしたが、どこかに「税金で持っていかれるくらいなら…」と思ったのは事実です。

そして、ゴルフバッグを２つ買いました。すると翌日事件が起きました。

唯一のメンバーだった営業マンが、

「何で会社の経費でゴルフバッグを買うんですか!?」と聞いてきたのです。

「えっ……。経費で認められるって聞いたから…」

「僕たちが頑張って稼いだお金でゴルフバッグを買うなんて!?」

彼は、涙を流して訴えてきました。確かに、ゴルフバッグは、税務上は経費で認められるかもしれません。でも、そんなことは関係なく、どんな効果があるお金の使い方をしたのかということのほうが重要だと痛感しました。以来、メンバーから少しでも無駄だ！　と思われるものは個人で購入しています。

私が今、仕事で使っているiPadも自腹で買いました。メンバーは会社支給です。でも、自分がメンバーの前で、胸の張れるお金以外は会社のお金を使わない！　そう決めたのです。このことが前にも書いた、身内以外の人に経理を任せて監視してもらっている、ということとつながっているのです。

7　公私の混同はするな！　私公混同は歓迎

判断に困ったら自腹！


「公私混同するな！」というのは、当り前のことです。

特に、会社の経費を公私混同し出すと厄介です。社長がそんなことをしようもんなら、メンバーはモチベーションが下がるだけに終わらず、「自分もチャンスがあればやってやろう！」と思っても仕方ありません。それは当然のことです。

でも、公私の判断がつきにくい場合は、どうでしょうか？

私は、あえて会社の経費にせずに、自分のポケットマネーを使います。

何故なら、これもメンバーが見ているからです。私が経費を使って「はっは〜〜ん、この程度までは許されるんだ…」と思われるより、「え？　社長そこ経費にしないんですか？」というほうが格好いいし、お互いに気持が良いはずです。

たかだか居酒屋で数千円の飲み食いすべてを経費に回して、自分も後ろめたい気持ちになって、メンバーも嫌な気持ちになるくらいだったら、アッサリと自腹が一番です。

これは、当社に限った話ではなく、一般的にそう思います。

会社のお金は誰のお金？

昔、あるセミナーに参加したとき、講師が開口一番に、

「今日は経営者の方が多いと聞いています。社員に、『儲かっていないから賞与はなしだ！　昇給もなしだ！』、そう言いながら接待とかこつけて家族で食事に行って領収書を会社に回したり、必要のないほど高価な外車を社用車として買っていませんか？」と会場に投げかけました。

この言葉を聞いたとき、場内はうすら笑いとも照れ笑いとも取れる奇妙な笑いで何ともいえない

空気に包まれました。

多分、そういうことをしている経営者が多いからでしょう。

会社は、働く人たちがお客様にサービスや商品を提供して価値を生み、その見返りにいただいた報酬を会社が受け取り、それを働く人たちに分配する場であるはずです。

決して、社長とその家族だけが特別に経費を使って良いわけがありません。

「だって経営者は、それ相応のリスクもあるし、家族にも心配をかけているし…」

そういう人もいます。確かに、経営者とメンバーの立場は違います。リスクも雲泥の差です。でも、だからこそ、給料を多く取っていませんか？

もし、会社にお金がなく、給料が取れていないとしたら、それは誰の責任でしょうか。

ちゃんと会社を利益体質にして資金を回していけないのは、経営者自身の責任です。リーダーやトップは、その責任を負うことが仕事です。

会社のお金は会社のお金

メンバーの人たちは、与えられた商品やサービスをお客様に提供するのが仕事です。

「ウチのメンバーは、営業が下手で、自分の給料分さえ稼げない！」とぼやく経営者もいます。

私もそうでしたが、それもこれも採用して雇用している自身の責任なのです。

売れるように育てられないのだから、責任は経営者にあります。

「会社の金は俺の金！」ではなく、「俺の金は会社の金！」という考え方がないと、トップやリーダーはやっていけません。

また、メンバーとの飲み食いに経費を要求する幹部メンバーがいるとします。

これは自分にとってどういう経費でしょうか？

実は、仲間と一緒に飲み食いして、いろんな話の中で相手を知り、信頼を得るという自分自身の未来への投資なのです。

せっかく、上司が部下を食事に誘ってコミュニケーションを図るチャンスであり、信頼を得るチャンスのときに、「会社名で領収書ください」なんて言ってしまうと、その後輩は一気に興ざめしてしまいます。

「何だ…俺のために親身になって話をしてくれて、食事まで御馳走になって感謝してたけど、会社の経費かよ…？　社長から俺の本音を聞き出して来い！　とでも言われたのかな？」。そう思われても仕方ありません。

会社のお金で飲食すると仕事になります。メンバーは、上司と仕事を離れて飲んでいる気持ちでいたのに、ガッカリさせてしまいます。もったいないお金の使い方です。

自腹の上司は尊敬される！　信頼される！

自腹で後輩に飯を食わせるくらいの度量があれば、その部下は上司に上司としてではなく、個人に対して感謝してくれます。もしかしたら、見る目がいいように変わるかもしれません。また、社長は、その上司のことを信頼して認めるかもしれません。

そうなると、必ず次の昇給でも、「あいつ、いつも自腹でメンバーに飯を奢ってやって励ましてくれているから…」という具合に、少しは人よりも昇給額が大きくなることもあるかもしれません。これはまさに、自分の信用をつくったり、部下を育てるための投資なのです。

前に書いた経費の考え方は、実は会社だけでなく、個人にも当てはまるのです。居酒屋の数千円の支払いを会社に経費で回して認めてもらう努力をするくらいなら、その数千円が給料としてもらえるように仕事をしたほうが、どれだけ有意義なことかわかりません。

経費にしてしまうことで、お金は減らないが人望が失われます。自分が上司と食事に行ったときのことを考えてみてください。

貴方は、自分との飲み食いを会社の経費で精算する人と、「領収書は要らないよ！　きょうはプライベートだからね！」という上司がいたら、どちらの上司について行きたくなりますか？　答えは明白です。ほんの数千円で信用は買い戻せません。

仕事とプライベートは分けられない

また、仕事中にプライベートのことを考えるな！　という経営者がいます。

私は、仕事中にプライベートのことを考えるときがあってもいいと思っています。

「今朝、家を出るとき、親と喧嘩をしてきた」

「子供が熱を出していたけど、大丈夫だろうか」

そんな気持ちを持つのは、人間として当然のことです。公私を分けるといっても、頭の中の感情までキッチリと分けることなんてできません。仕事時間であっても、そんな重い気持では仕事に身が入りません。

だったら、家に電話の一本でも入れて、「お母さん、今朝はごめん！」とか、奥さんに「子供の具合はどう？　きょうは早く帰るからね」と言って欲しいと思います。

会社は、人が幸せに生きる場です。家庭も、人が幸せに生きる場です。職場は変わることができますが、家族とは一生の付合いです。

ですから、感情の公私混同は、仕方ないどころかそれが普通なんです。もし、家庭で心配することがあって、仕事に身が入らない顔色の冴えない人がいたら、「大丈夫か？　きょうは帰っていいから、明日、元気になって出社して取り返せばいいさ‼」。そんな風に上司が声を掛けられる会社こそ、いい会社ではないでしょうか。

時と場合によって優先順位が変わる

「そんなことばかりしていたら仕事にならない！」―そう心配される方もおられるでしょう。私は、いつもいつもそうしろ！　と言っているわけではありません。

でも、その人にとって大事なことを大事にしてあげないと、いつまでも仕事の犠牲になっていきます。そうなると、本人もそうですが、その家族までが職場に対して被害者意識になり、協力的でなくなります。

「家庭やプライベートを大事にしろよ！　その変わり、仕事で肝心なときには大事に考えてくれよ！」―そんな感じがバランスの良い仕事とのかかわり方だと思います。

「家庭を取るのか⁉　仕事を取るのか⁉」―そんなことを比べるモーレツメンバーを競う時代は終わったと思います。

ただ、「家族を大切に仕事を二番にしていい！」と言っているわけではありません。仕事で信頼され、当てにされ、能力を発揮して成果を出す人は、結構家庭よりも仕事を優先しています。何故なら、その人は、自分の存在感やいなければならないという責任感が仕事にあるからです。

自分がいなければどうにもならないほど重要な仕事をしている人は、そちらを優先するだろうし、毎朝会社に来てから「何をしようか？」と考えている人は、出勤前に目の前の家族が困っていたら迷いなくそちらを優先します。仕事は自分がいなくてもどうってことないと思えば、家庭を優先します。

要するに、人によって優先順位が違うし、その人の存在感によって優先順位が変わるということです。本来、会社も家庭と同じくらいに、「いてくれないと困る！」と言われる場所であって欲しいと願っています。

第2章

夢を実現すると夢がなくなる

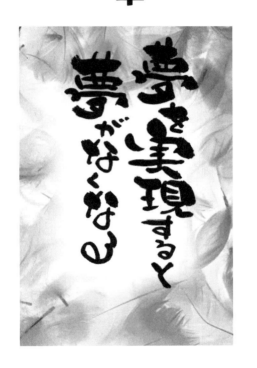

1　自己実現の誤解

自分で望んだことは辛くない

私は、25歳で起業をする！　という夢を18歳のときに持ちました。18歳から25歳の創業までは、すべて創業の為の経験であり、学びだと考えていました。ですから、仕事が辛くても辞めるという選択肢はありませんでした。

それどころか、この苦しい場面をどう乗り越えるのか？　と思うとワクワクさえしていました。一種の変態です（笑）。かなりのMです（笑）。

人は、同じことを経験したり見たりしても、その心の持ち方で大きく感じ方や見え方も変わります。

辛いことさえ快感になるのです。

私の初めて働いた自転車屋では、住み込みだったので、朝から晩まで社長の家族と一緒です。仕事が終わってからパチンコに行くのも、スナックに飲みに出かけるのも、社長と一緒です。人は、それを「大変だね…」とか「嫌じゃなかったの？」「よくそんな住み込みなんて世界を選んだね」と感心さえしました。

大前提として、私は、自転車屋の社長や家族が大好きでした。小学生のときに、初めて私を大人扱いしてくれたのが、この社長だと今でも思っています。

当時小学6年生だった私は、自転車少年でした。明けても暮れても自転車のことが大好きで、自転車を触ったり乗ったり見たりしているだけで幸せでした。

ですから、私は、この自転車屋さんに入り浸っていました。

学校が終わると、ここに出勤していたようなもんです。そして、パンク修理を手伝ったり、店の自転車を磨いたり…。

毎日が夢の生活です。社長や家族は、そのときから私を温かく迎えてくれ、家族同様に扱ってくださいました。

ですから、その自転車屋に就職して社長や家族と一緒にいることは、親戚の家に住み出した居候のような感覚でした。

人が嫌と思うことでも、私にとっては素晴らしい居場所だったのです。

そして、もう1つ、私には、起業するという夢がありました。

その為には人と同じことをしていてもダメだ!!　と強く思っていたし、私の憧れる松下幸之助さんも自転車屋の丁稚奉公をしていたと知り、私にとっては「第二の松下幸之助を目指す！」というくらいに、この自転車屋の住み込み丁稚奉公は絶好の働き場所だったのです。すべては25歳で起業する為に!!

自己実現とは

皆さんも、自己実現という言葉はご存じだと思います。

私も知っています。でも意味を間違って捉えていました。

自己実現とは、「夢を実現したときの姿」だと思っていませんか。私はそう思っていました。

でも、違うんですね！

自己実現とは、「夢を追いかけて苦しいことも辛いこともキラキラと輝いて立ち向かっている姿そのもの」だと知りました。

私が自転車屋の丁稚奉公で働いていたときこそが、実は自己実現の姿だったのです。

さて、そうして、私は25歳で夢を叶えて社長になったわけですが、夢を実現するとどうなるのか。

私にはバラ色の人生が待っている！　と思っていたのですが、それは大間違いで、夢をなくして糸の切れた凧のように迷走し出したのです。

2　夢の実現

6畳の和室が聖地

社長になった私は、嬉しくて仕方ありませんでした。

印刷会社さんから無償でお借りした事務所は、住宅街にある潰れたスーパーの２階です。裏の非常階段をカンカンと音を立てて上がると、そこは６畳の和室と４畳半の応接室。

「ここが私たちの発祥の地になるんだ」と思うと、ワクワクが止まりませんでした。

実家にあった小学校のときに使っていたボロボロの机を置き、コタツを知合いの電気屋さんから無料でいただき、ストーブを自宅から持ち込み、コピー機も知合いのコピー屋さんから無料でいただき…。購入したのは、電話の加入権（当時は電話の加入権に８万円ほどが必要でした）と留守番電話機能の付いた電話機１台と、ファックスだけでした。

その他に名刺や封筒、印鑑などで、総額10万円ほどの創業費。今思えば、何かのサークルのような予算で事務所を立ち上げることができました。

毎日毎日、早朝から夕方遅くまで営業に飛び回り、夜には原稿をつくり、土日も関係なく働きまくりました。でも、何の苦痛もありません。

逆に、自分たちが創業した場所で仕事をしていること自体が夢のようで、充実感に溢れていました。深夜まで原稿を作成し、日が昇るころになるといったん自宅に帰ってシャワーを浴び、再び事務所に戻る…。そんな毎日が楽しくて仕方ありませんでした。

仲間のたまり場

たくさんの仲間も応援に駆けつけてくれました。

毎晩のように元働いていた会社の同僚たちが、仕事を終えた後、事務所まで来てくれました。原稿作成を手伝ってくれたり、創業に際してお世話になった同業者のメンバーさんが差入れを持ってきてくれたり、営業までしてくれたり…。

今思えば、不夜城のように、夜になると人が集まり、ワイワイガヤガヤと仕事をしていました。まるで学生時代の部室といった雰囲気です。

よく「学生サークルみたいな会社」と言われました。それが楽しくて楽しくて…。

事務所という活動拠点ができて、1か月後、私たちが自身で生み出した「滋賀県版求人情報誌<求人ポスト>」(書店で販売する就職情報誌)の創刊に至りました。

祖父に想いを馳せて

この冊子を製本屋さんまで自家用車で取りに行き、今度は書店に配本して回るのですが、そのときのインクの匂い、紙の匂いが何だか心地よく、気分が高揚しました。

実は、私の祖父は、出版会社を営んでいました。主に教科書や辞典のようなものを発行していたのですが、その祖父の家に行ったときによく嗅いでいた匂いが、この匂いだったのです。

祖父は、私が創業をする2年前に他界していましたが、生前病床に伏していたこの祖父に会いに行ったとき、「自分は起業したい!」と話すと、「是非がんばれ!」と全面的に応援してくれていたのでした。

私は、自身が出版物を発行する出版社になったことを一番にこの祖父に伝えたいと思いました。

私は、創業したことで「これで夢が叶った！」、自分のコンプレックスであった「大学受験に失敗し、サラリーマン社会でも生きていけない！」と感じた18歳のときの絶望感をバネに頑張ってきた甲斐があった！　とマラソンのゴールに辿り着いたような気持になっていたのです。

3　金儲けこそが存在価値

夢は叶えたけど

先にも述べたように、創業してからしばらくは、自分たちで創業した環境で仕事ができていることだけで、嬉しくて仕方ありませんでした。

ただただ毎日仕事をしていることで充実感が一杯です。

こんなに喜んで働けたのは、このときが初めてです。

「創業してよかった！　自分の人生の選択に間違いはない！」

人は、自ら立てた目標や夢が達成できると、最大の幸せを感じるものだと感じていました。しかし、社長になった私は、社長になるという夢を叶えたことで、夢がなくなってしまいました。毎日、楽しくはあるけれど、目的のない日々。

具体的目標

そんなある日、専務が事務所の壁に、

50万円売れれば印刷代が払える
100万円売れればガソリン代が払える
200万円売れれば給料が取れる
300万円売れればメンバー旅行に行ける
500万円売れれば営業車が買える
1000万円売れれば海外旅行

と書いた紙を貼り出しました。

私は、この紙を見て、ワクワクしました。創業して夢や目標がなくなっていた私にとって、新しい目標ができたのです。ちなみに、創刊号の印刷代が47万円。売上は55万円でした。

まずは、専務が書いてくれた最低ラインの50万円をクリアしたことで、この目標をクリアしていくことが自分たちの夢であり、目標であると感じたのでした。

実は、これはあくまでもお金を儲けるという意味での指標でしかありませんでしたが、この売上を上げる為には、お客様に喜んでいただかなければならないし、多くの読者を獲得しなければなりませんでした。

ですから、売上を上げるという目標に向かっては、努力を惜しむことなく、様々なことに取り組みました。

夜中にバス停に冊子を吊るしに行ったり……。

夜中に電話ボックスに（当時は町中にコンビニの数ほど電話ボックスがありました）冊子を置いて回ったり…。

ゲリラ戦法ではありましたが、資金のないわれわれが体を使ってできるあらゆる手段を尽くしたのは、ただ1つ「売上を上げる！」という目標の為でした。

私たちの自己評価は、売上が上がったか否かという明確に数値化できる基準で判断できるようになったので、事務所内には売上の達成グラフを置き、毎月毎月売上が上がる度にニヤニヤしていました。

売上を上げることこそが目標！

半年間、給料も取れずにいましたが、やっと半年後15万円の給料が取れたとき、「次は営業車を買うぞ！」「メンバー旅行だ！」と夢がドンドン膨らんできました。

折しも、当時はバブル経済期の始まり。私たちは寝る間も惜しんで我武者羅に働き、業績はみるみる上昇していきました。

求人広告の黄金期の到来です。

現在では、好景気になっても正規雇用を手控える風潮がありますが、当時は、これから労働人口が減少するのに、「正社員雇用を今しないと企業の将来はない！」といわれた時代です。私たちは、月間の求人情報誌であったことや、滋賀県唯一初の求人情報誌ということもあり、地域の雇用ニーズと読者を確実に捉え、地域になくてはならない媒体として成長していきました。

4　売れる人だけの組織づくり

売れる営業マンは宝、売れない奴はクズ

売上を上げること、利益を上げることで具体的なイメージができたら、今度はそれを追いかける為にどうするか？　を考えるようになります。

もちろん、市場ニーズは高いわけですから、後は人員を増やすことが必要です。

当時、「企業は人の数！　オフィスは面積！」という言葉を合言葉に、売上拡大の為に、規模の拡大を目指しました。

たった2人で始めた会社も、5年後にはメンバー数は30人を数え、飛ぶ鳥を落とす勢いといわれました。

ただし、人の入れ替わりは絶えません。

当時は売上至上主義です。社内には、売上達成や新規受注、大型受注を称賛した垂れ幕が所狭し

と張り巡らされ、「売れる営業マンこそが宝！」「売れない営業マンはクズ！」という考え方でした。

給料制度も、低い固定給に高額なインセンティブを与え、売れる営業マンはドンドン給料を貰えるし、売れない営業マンはパートメンバー程度の給料にしかなりません。

売れない人にはドンドン発破をかけ、クズ呼ばわりします。

売れない人は、辞めてもらうようにガンガン追いつめます。

試用期間と称して営業マンを契約社員として雇用します。そして、いきなり現場の営業に出させて、１か月間にある一定の新規顧客を獲得し、目標売上に到達しないと正社員にしないと決めていました。ですから、入社３か月以内に退職する人が多数いました。社歴があっても売れない人はいつまでも給料も上がらない。いわば実力主義、成果主義という言い方もあるでしょうが、会社はリスクを最低限にして、そのリスクをメンバーに押しつけていたように思います。

社内競争と給与をもらう為だけの仕事

私は社長です。社長は、〈プラスもマイナスもあるフルコミッション〉だといいます。

創業者である私と専務もメンバーと一緒に営業に出ていました。創業2年目くらいのときは、営業メンバーが私たちを含めて5人いました。

しかし、私と専務の２人で全体の売上の８割を売っていました。

ですから、私たちの給料は、他のメンバーの倍あっても当然だと思い、給料も上げていきました。

それを見て、「自分もそうなりたい！」と思えば、私や専務と同じくらいに売り上げれば当然給料も倍増します。そうなる自分をイメージして頑張ってくれると思いました。

しかし、前に書いたように、現実は売れない営業マンが多く、次々に退職してしまいます。

また、お客様から掲載依頼の電話が来ると、お客様の取り合いになっていました。

社内の競争です。

お互いのお客を奪おうと目をギラギラと輝かせています。まさに、獲物を狙う野獣です。

お金は、飯を食う為には必要です。でも、われわれ人間は、人間としての価値観を持って仕事をすることで幸せを感じると思います。ただ、飯の為（金の為）だけに働くことは、決して人として幸せを手に入れることではなく、食う為の競争社会で「勝つ！」という価値観だけが重要視されるということになるのです。

社内はギスギスします。売上を上げることだけが目的の営業マンは、売ってきた後の原稿などについて手を抜くようになります。

制作は、営業マンが売上を上げる為の下請け仕事のような感情になってきます。集金も疎かになります。

人が育たない組織風土

なぜ人が育たない会社になってしまったのか??

それは、会社が売上が上がるか否かにしか評価基準を設けていなかったからです。疲弊が続く会社でしたので、人が退職してはまた次の採用をし…の連続です。

この頃には、社用車も購入し、社員旅行で海外にも行き、順風満帆に見えました。業績も良く、いろいろなところで注目を浴びました。新聞やテレビの取材が多く入ったのもこの頃です。「時代のニーズを掴み、留まるところを知らず快進撃を続ける会社」と表現されていたのを今でも覚えています。

しかし、この拡大期に本来もっとやっておかなければならないことがあったはずです。お金儲けや、売上を上げることよりももっともっと大切なことを忘れてしまっていたのです。

5　夢は何ですか？「上場です！」

次の目標がない！

今でもよく覚えているのは、ある日、専務から「永田さん、次の目標を決めないとあかんで！」と言われたことです。私は、目標なんて何も持っていませんでした。ただただ売上の目標を決めて、「業績が良くなることだけを考えていればいい」と思っていました。

社長の仕事は、「ビジネスをすること！」「お金儲けをすること！」―そう考えていて、現実にその道を歩んでいました。

でも、一方では、滋賀県の中小企業家同友会で、「企業には企業の存在意義である経営理念が必要！」とも学んでいたので、形だけの経営理念はつくりました。

しかし、それを深めることなく、聞きかじった学びから、「会社は、社会性・人間性・科学性の3つの存在意義が必要だ！」とメンバーには言っていましたが、頭の中は「どうやって売上を増やそうか？」「どうやって会社を大きくしていこうか？」―そんなことしか考えていなかったのです。

専務に「次の目標は？」と聞かれて、アタフタしてしまいました。そして、シドロモドロになりながら、「お客様に喜んでもらって…でも、利益も出さないとあかんし……会社大きくしたら皆も嬉しいから…」。

自分でも何を言っているかわかりません。すると、専務から、「もっとわかりやすい目標を決めるのが社長の仕事ではないか!?」と厳しいお言葉が返ってきました。

とっさに出た言葉が「上場することや！」でした。そうです。私には夢や目的がなかったので、社長になる→上場という表面上のサクセスストーリーしか描けませんでした。

確かに、経理面の管理などは誰が見ても恥ずかしくない内容でしたし、利益も出ていて、創業6年までは毎年倍々ゲームのように業績も伸びていました。その勢いの延長線上で見れば、「決して上場も夢ではない！」と思っていたのです。

ただ、今考えると、自社の取り扱っている商品のマーケットサイズや商品特性などを考えると、そろそろ頭打ちの時期を迎えていたことすら気づいていませんでした。

青年実業家気取り

そんな理念や戦略もない状態ではありましたが、マスコミの取材で、「社長の今後の目標を教えてください」という質問に対しては、「上場です」という言葉がスッと出せるようになっただけで、ストレスは大きく減りました。つまり、「上場です」という言葉を自分の逃げ場所に使っていたに過ぎなかったのだと思います。

しかし、上場という言葉を使い出して、その意味すらよく理解できていなかった私は、益々売上や利益、そして規模の拡大が最大の目標になりました。

時は創業から5年。バブル全盛期。私は30歳を迎えていました。メンバー数は30名を超え、専務と私は新車のビッグセダンを購入し、ゴルフを始め、接待とはいえ祇園に出て飲み歩き、青年実業家ともてはやされていました。

当時、借入金といってもお付合いで借りる程度で、実際に資金繰りに行き詰ることもなく、傍から は前途揚々に見えたに違いありません。

売上が伸びても運転資金に困らない秘訣

余談になりますが、普通は売上が伸びると運転資金が枯渇して資金繰りが厳しくなります。何故当社がそうならなかったのか？

それには秘策がありました。当時の主な商品は、「求人ポスト」という月刊の求人情報誌です。バブル景気の最中、どの企業も人材募集に躍起になり、求人広告料も湯水のように使う時代です。とはいえ、創業期は専務とたった２人で営業に回っていました。２人で一冊分の求人広告を集めるのは至難の業でした。

そこで思いついたのは、１度の受注で３か月分の広告をもらう方法です。そうすると、掲載量は３倍になり、１か月１人の受注件数が20件とすると、２人合わせると３か月後には２人で１２０件の広告になります。当時、細かい原価計算をするよりも、「原価以上に稼げばいい！」という考えだったので、３回掲載で２回の料金というプランをつくりました。

この３回をパックにした商品の受注をいただいた代金は、初月に請求して１か月後には入金されます。つまり、最初の１か月分の運転資金があれば、後は３倍の入金があるので運転資金に悩まないという副産物がついてきたのです。

これぞ、偶然の産物でしたが、私たちのビジネスの拡大を手助けする大きな要因になりました。

太鼓が鳴り、垂れ幕で賞される

さて、話は戻って、社内は売上拡大ムード満載です。受注報告が入れば太鼓を叩いて賞賛し、社内には月間目標達成や大型受注の垂れ幕が所狭しと吊るされ、売れる営業マンの周りは垂れ幕で暖籠状態です。一方、売れない営業マンは、肩身の狭い思いをするように追い込みます。

毎朝、営業のロールプレイングを行い、「いかに大きな受注をいかに沢山もらうか？」－その為の営業テクニックを磨くことに多くの時間を割きました。

また、インセンティブと賞する現金支給を毎週月曜日に行いました。目標達成者や新規受注獲得者は、毎週朝礼で皆の前で現金を支給され賞賛を浴びます。もちろん、売れない営業マンは、このとき部屋の隅っこで肩をすぼめています。

採用は、「売れなければ正社員にしない」というものでした。当時、広告を出してもウチのようなできたばかりの零細企業に人が集まるわけもなく、来る人拒まずで来た人を順番に採用していました。

そして、電話帳や他社の求人紙を渡して、「さぁ、ここからリストアップしてアポを取れ！　アポが取れたら先輩が同行する。それが契約になったらお前の手柄だ！」といってひたすらアポを取らせます。

入社してすぐにそんなことをやらせるわけですから、新人が続くわけがありません。入社後半年もすると、多くの人が「私には無理です」と言って逃げるように会社を去っていきました。それでも、売れる営業マンは残りますから、会社はそこそこ売れる営業マンだけになり、益々売上は好調です。このとき、初めて念願だった海外に社員旅行にも行きました。まさに飛ぶ鳥を落とす勢いの会社です。

6　バブル崩壊、大量退職

欲しくもない家を買う

世の中はバブル景気真っ盛り。

土地を買えば倍で売れる。

株を買えば必ず儲かる。

消費ではなく浪費が当たり前。

戦後の日本が着実に一歩ずつ成長を続けた50年があるとしたら、一気に拡大した5年が正にバブル経済です。

当時、私は、賃貸のマンションに住んでいました。別に物欲があったわけでもなく、何の不自由もありませんでした。

しかし、あるとき、銀行の営業マンが当社に来て、「社長、お金借りてもらえませんか？　ところで社長のご自宅は持ち家ですよね？」と言います。

私は、正直に、「いや、賃貸のマンションですよ」と言いました。そのときの銀行の営業マンの顔を今でも忘れません。

「えっ！？　賃貸に住んでおられるんですか？　そりゃ、会社の信用の為にもまずいですよ。今時賃貸に住んでいる経営者なんていませんからね!!」と言って、目を丸くしました。

上場を目指す会社の社長が、今時いないような賃貸マンションに住んではおられません。そのひと言で持ち家を買うことにしました。

余談ですが、当時２、０００万円の物件が、翌月には２、５００万円で転売される時代です。それだけではなく、また次の月には３、０００万円で売りに出て来るのです。

その現実を知った私は焦りました。

「今買わなきゃいつ買うの？？」「今でしょ〜！」

私が買った物件は、町外れの薄汚れた10軒長屋の１つ（当時はテラスハウスと自分に言い聞かせていましたが）でした。その物件を買って、少し修繕をしているときに、バブルが崩壊。

住まずに損をしてでも手放そうとしましたが、買い手がつかず、結局、約10年住んで10分の１の値段で処分しました。

個人も会社もドン底に

今では考えられないことですが、これがバブルの崩壊です。浮き足立って価値のないものにまで無理やり価値を付けてすべてを投資対象にしていたのです。戦後の歴史で初めて日本経済が右肩下がりになりました。それも崖を転げ落ちるように…。

このときの教訓は、後々生きてきますが、このときはさすがに凹みました。「戦後初めての出来事が、何も今起こらなくてもいいじゃないか⁉」と、泣くに泣かれぬ思いがしました。バブル崩壊の恐ろしさは、業況にも一気に影響しました。

今までの売上を１００とすると、３年で5分の1にまで減少しました。20％です。20％減ではありません。80％減です。

もう尋常な神経ではいられません。

私の顔色は変わり、営業マンに「お前らの頑張りが足りないからだ！　売れるまで帰ってくるな！」―そんな檄を飛ばし続けました。

潤沢だった資金もドンドンと溶けるようになくなっていきます。

給料を支払う為に銀行から借り入れで賄う。当時は、銀行借入れにも他人の保証を取る時代でしたので、私と専務はもちろん、親や印刷会社の社長にまで保証人になってもらうように頼んで借入れをしました。

社長がうつ病に⁉

このとき、「ちゃんと返しや～」と言って快く保証人の判子を押して下さった印刷会社の社長、そして何も聞かずに黙って荷物の受取りの認印を押すように保証人の判子を押してくれた父親には今でも感謝しています。

創業時、「自分たちの持ち寄った１００万円がなくなったら会社を止めよう！」と言っていたはずが、いつの間にか桁外れの借入れをして、それでも赤字は止まりません。

そのうち、共同経営をしていた専務とも将来の方針について意見が合わなくなり、私自身八方塞になり、逃げ出したい気分で一杯になりました。

会社に行って、専務やメンバーの顔を見るのが辛く、皆から試されているような…、失笑されているような。当時は、うつ病に近い状態まで、精神的に追い込まれていたのだと思います。

会社に行こうと思って車を走らせていると急に心臓がドキドキしてきて、目眩がします。私は、通勤途中の公園に車を止めて、大きな深呼吸をしてからしか会社に行けなくなりました。「売上を上げる！」という目標、「上場する」と言っていた目標は遥かに遠く、社長として逃げれないという現実と闘う日々です。

「借金を減らしたい！」「親を自己破産させるわけにはいかない」―私は、いつの間にか最悪を避けることが、会社に行って仕事をする目的に変わってしまっていました。

会社を潰さないことが目的に

「潰れる……」

「潰せない……」

「逃げたい……」

「逃げれない……」

そんな私に、働いていている仲間がついてきてくれるはずはありません。

それに、売上が下がると同時に、「昇給なし」「賞与なし」です。売れない商品を売りに歩く毎日。こんな会社、こんな仕事を続けることは、メンバーにとっても無意味に感じられても仕方なかったと思います。

会社の目標が「売上を上げ、利益を上げ、給料を稼ぎ、上場してもっともっと稼げるようになること！」としかなかったのですから、それができなければ無意味になります。

そして今度は、私の目標、夢は、明らかに変わりました。「会社を潰さないことが目的」になってしまったのです。

専務との決別でV字回復

退職者が後を絶たず、遂には共同経営で事業を始めた専務とまで別れることになってしまいました。目標を失った船が、嵐の中で船頭が2人で「あっちに行く」「いや、俺はこっちに行く」ともめているのですから、進むはずの船も進むわけがありません。

会社の再建を一刻も早くしないと、本当に会社は倒産してしまいます。専務との別れや退職した人を惜しむ間もなく、全力で事業に打ち込むしかありませんでした。

するとどうでしょう！　専務を含め、大量の退職者が出た翌月から黒字にV字回復したのです。

そのとき、ハッキリと言えることがありました。やればできるメンバーの人たちも、私と専務の顔色を見て前に進むことができなかったのです。メンバーは、迷わずに示した方向に進んでくれます。それを迷わせていたのは、実はトップやリーダーだったのです。

私は、ただただ、申し訳ない気持ちで一杯になりました。

その後も、黒字と赤字を繰り返し、まだ、私の中では「借金を返すこと」と「会社を潰さないこと」が最重要課題です。

目標は「黒字！」、夢は「会社を潰さない！」―会社は厳しい状況が続きました。

しかし、時代の変化は待ってくれません。

次々に襲い来る時代の変化

時代は変わり、書店で売っている求人情報誌が売れなくなってきました。

そして、正社員採用は激減し、アルバイトや臨時雇用、派遣や請負のようなアウトソーシングが雇用の中心に変わってきました。

そうなると、当社のように「月刊誌でじっくりと良い人を探しましょう」というモデルではなく、気軽に必要なときにすぐに採用できるモデルが必要になります。

私たちは、創業以来、自社媒体として会社の代名詞にもなっていた「求人ポスト」という媒体を廃刊し、街角に設置して読者が無料で持ち帰れるフリーペーパーの発行に踏み切りました。

古くからのお客様からは、「大丈夫か?」という心配の声をいただいたり、「Ｂ－ｓｉｄｅは潰れたぞ!」という噂まで飛び交いました。

確かに、看板商品であり、売上のメイン商品を廃刊したのですから無理もありません。マクドナルドがハンバーガーを売らなくなったようなものですから。

しかし、「フリーペーパーにして隔週発行にする!」という英断は、間違いではなかったようです。当時、都会では、既に有料の求人情報誌は次々に廃刊され、フリーペーパーとインターネットが求人情報媒体の主流になっていたからです。

地方で他社に先駆けてフリーペーパーに切り替えたことで、今までの正社員採用の媒体からアルバイト契約社員採用の媒体として、創刊当初からお客様の支持を得ることができました。

やっと次のステップを見出す

今まで数年間、借金返済と会社を潰さないことだけを考えていた私にとって、一筋に光が見えたときでした。やっと「これで売上は回復する!」「赤字から脱出する!」目処がついたのです。

その頃、バブル崩壊の際に借り入れた借金も半分に減り、売上に相応しい程度の借入額になっていました。

バブル崩壊時に、「経済的にこの損失を取り戻すには10年かかる」といわれていたとおり、当社が一筋の光を見ることができたのも、バブル崩壊からちょうど10年が経っていました。

7　迷走しながら目的なき経営

退職者は「潰れた！」と言い放つ

経営者や人生で一生順風満帆という人は少ないと思います。

私もそうは思っていますが、その間、数々の試練を乗り越え、努力もしてきたし、人に恨まれるようなこともしていないつもりでした。

でも、このときまで、悪いことはしていなくても、善いこともしてこなかったのが、私のビジネス人生だったように思います。

だって、「売上を上げる！　上場！」→「借金を返す！　会社を潰さない！」―そこには、働く人の気持ちや社会の幸せということには一切触れていません。すべての中心が私であり、私の為の目標でしかなかったのです。そんな経営者に誰がついてくるでしょうか？

当時は、まだまだ入社と退職で人の入れ替わりも激しく、辞める人のことを「潰れた」と言っていました。

「会社というのは厳しいものだ！　賃金以上の稼ぎができない奴は、会社のお荷物だ！　そこで稼げずに辞めていく奴は、皆潰れていく奴だ！　どうせ、他所でも続くわけがない」―そんな気持ちだったのかも知れません。

退職しないように役員に

でも、残ってくれている仲間もいました。その中から、取締役という称号を与え、「お前も経営者の一員だ！　自覚を持って利益を出せ！」と思っていました。

一方では、多くのメンバーが入れ替わる中、心のどこかではその退職者に見捨てられたという思いもあったのでしょう。「せめて取締役にしてやるから、俺のことを見捨てないでくれ」という意識も働いていたのかも知れません。

当時の常務は、「金を稼ぐ為に『出会い系サイト』をやりたい！　しかし、それは今の会社の方針には合わないから退職します」と申し出てきました。

確かに一方で真面目な地域の雇用を支える求人誌やタウン情報誌を発行しながら、出会い系サイトをするようなことは、私にはできませんでした（ほんの少しの良心は残っていたようです（笑））。共同経営をしていた専務が辞め、右腕を務めてくれていた常務が辞め、当時は人が辞めていくことに疲れてきていました。

経営者目線の人も去っていく

元専務や常務は、今では立派な経営者になっています。

経営能力に長けているだけに、私と同じ経営者目線になったときに、お互いが譲れないことが発生します。ですから、私の考えについていくだけでは飽き足らなくなり、自分の力で経営するという道を選んでいったのです。

8　ある退職者が私を目覚めさせてくれた

料理人になりたいんですよ！

話は戻って、やっとフリーペーパーを発行し、「これからだ！」というときに、私の右腕を務める人から、「話したいことがある」と声が掛かりました。

彼は、私に呼ばれることはあっても、自分から私に近づこうとする人物ではありませんでした。ですから私は焦りました。「まさか…？」。そのまさかが的中です。

開口一番、彼は私に「退職したいんです」と言いました。

今まで退職していく人たちに向かって、私と一緒になって「あいつは潰れた！」「苦しさから逃げた！」と罵っていた彼から出た言葉に私は愕然としました。

「何でや！」と問うと、「俺、前から料理人になりたかったんですよ！」「あれ？　永田さんに前に言ってませんでした？」との返事です。

この言葉を聞いた瞬間、何も言い返す気がなくなりました。

名前だけの取締役

今までにも、退職する人は、それなりに自分を正当化する理由をこじつけていました。

「東京に出るのが夢だったんですよ！」と地元に留まっている人。「この給料じゃやっていけないんですよ」と言いながら私も買えないような高級車に乗っている人。そんな人と面談をしてきたのは彼です。

彼はいつも私に言っていました。

「あいつ、●●って言ってましたけど、絶対に後づけの言い訳ですよ」と。

彼に「退職日はいつで考えてる？」と言うと、「今月の20日にしようと思ってます」と……。

この話を聞いたときは、お盆前の8月12日です。

取締役にまでしていた彼が、一般のメンバーと同じように、そんなに簡単に辞められると思っていたこともショックでした。

「株はどうするつもり？」と聞くと、「え？？　永田さんが買ってくれるんでしょ？」と、これまた簡単に返されてしまいました。

取締役とは言いながら、私もその称号を与えて取締役に名を連ねることで彼らのインセンティブになると考え、本来話しておかなければならなかった取締役や自社株を持ったことの意味や責任、役割について深く話したことがなかったと今になって気づきます。

彼は、自分が退職することの重要性について認識できていなかったのでしょう。

悔しさの裏側にあった自分の反省

その日、私は寝れませんでした。悔しくて悔しくて……。彼を信じて任せてきた自分が、こんなに簡単に裏切られたことが悔しくて……。人間不信です。

逆に考えると、彼が私に対して、やるせない不信感をもっていたに違いありません。一刻も早く、私の元を去りたい！　その一心だったと思います。

私は腹わたが煮えくり返るくらいに腹が立ちました。翌日から、彼の顔を見るのも嫌でした。憎しみとも思える感情です。

「人の道に外れた酷い奴！」私の感情はピークに差し掛かりました。「もう人の採用は止めよう！」「小さくてもいいから、気の合う仲間たちだけで和気藹々とした会社をつくろう！」と思いました。

そう考えると急に涙が出てきました。

そのとき、天の声が聞こえたのです。

「おい、お前、何の為に会社を創ったんだ？　どんな会社をつくりたかったんだ⁉　よく考えてみろ！　お前のように情けない奴に今でもついてきてくれているメンバーがいるじゃないか⁉　辞めた奴に腹を立てるくらいだったら、ちゃんと今いる人たちのことを考えてやれ！」－こんな言葉がこだまのように頭の中で響きました。

何の為に…？

確かに私は、社長になるという夢を持っていました。ですから、自転車屋の丁稚奉公を経験し、厳しい会社で叩かれてもへこたれず頑張れたのです。

そして、景気が悪くなって、精神的におかしくなるくらい苦しくても、会社を潰さないように必死になって働いてきました。でも、それはすべて自分の為であり、自分を守る為でした。

「何の為に働いているのか？」「何の為に経営しているのか？」「何の為に生きているのか？」それを深く考えれば考えるほど、答えはわからないのですが、ただただ今働いてくれているメンバーに申し訳なくて、申し訳なくて涙が止まりませんでした。

自己開示

私は、程なくして、当時15人ほどいたメンバーを全員集めて、話をしました。

「皆、本当にこんな社長で申し訳なかった！　俺は、自分のことだけしか考えていなかった。会社を潰さないことを目標にしている会社なんて、何の夢も希望もないよね？　そんな会社で、皆よく我慢してくれた。本当にありがとう！

今、こうして幹部メンバーも退職し、それに釣られて多くの営業マンも退職してしまった。もうこんな会社ダメだって見切りをつけられても仕方のない会社だと思う。もし、中途半端な気持ちで、この会社に勤めている人がいたら、この機会に会社を辞めて欲しい。今辞めても、誰も責めないし、逆に、周りの人からは良かったねーって言われるかもしれないしね。中途半端な気持ちで残ったらお互いに不幸です。だから辞めて欲しい。

今まで、ウチの会社は最低だった！

俺も最低の社長だった！

でも、俺には家族がいる。可愛い子どもがいる。保証人になってくれている年老いた両親もいる。皆も家族がいるように、俺も家族を守る為にも会社を潰すわけにいかないのは、今までと同じだ。ただ、１つだけ約束したいことがある！　それは、……必ずいい会社にする！　今は何がいい会社なのかわからないけど、皆が輝く会社をつくる！　皆本当に申し訳なかった！　ごめん！」

そう言って、頭を机に押し当てるくらいに下げました。涙が止まりません。号泣です。

「本当に申し訳なかった！　申し訳なかった！　ごめん！　ごめん！」

それしか言えず、涙が収まるまで、頭を上げることができなかったのです。

パラダイムシフトとは、まさにこのような状態をいうのでしょうか？　すべての景色やすべての考え方、そしてすべての価値観が一気にオセロゲームのように引っ繰り返りました。

パラダイムシフト

今までは、「会社を潰さない↓利益を出さなければならない↓メンバーが必要」だったのが、「輝くメンバーを育てる↓社会や顧客から求められる↓潰してはならない」と、真逆の発想になれたのです。

このとき、会社は創業から15年を過ぎ、私は既に40歳を目前にしていました。真の経営者として目覚めるには少し遅すぎたかも知れません。「料理職人になりたい！」と言って退職して、私に試練を与えてくれた彼のお陰でこの目覚めがあったと思うと、彼の存在は大きかったと思います。

彼はその後、料理職人にはなっていないと聞いています。彼が料理人として腕を磨いていて独立でもしていてくれたら、そのお店の常連になっていたかもしれません。

彼にとっては、それまでに退職した人と同様に、退職する為の理由が欲しかったのかもしれません。でも、そんな可愛そうな生き方をする人間に育ててしまったのは私です。

私は、何てひどい経営者だったんでしょうか。

9　経営の目的

自問自答の日々

こうして目覚めた私は、必死になって考えました。

「何の為に働いているのか？」

「何の為に会社を創業したのか？」

「何の為に生きているのか?」を。

私は、創業間もないときから中小企業家同友会で学び、様々な役を仰せつかり、経営指針を創る会にも参加し、経営理念の重要性については十分にわかっているつもりではいました。

ですから、曲りなりにも、経営指針書を毎年更新し、「理念経営」と謳ってはいましたが、そこには通り一遍の言葉があるだけで、メンバーの誰一人として経営理念を空で言える人はいませんでした。まさに、形だけの経営理念（経営指針書）だったのです。

経営理念の考え方の基本は、社長の生き様だ！　ということも理解していましたので、まずは自分自身が　本当にどんな人生を歩みたいのか？　ということを掘り下げる作業が必要でした。

これは辛い作業です。自分の本音を自分で自己開示するわけですから、自分で書いたことを見直して、さらに「これって本音かな??」と深めていきます。

孤独な自問自答が続きました。そして、やっとできたこの基本的な考え方は、私の本当の生き様であり、夢になりました。

幹部メンバーとの共有

その後、幹部メンバーにこの内容を発表をしました。このときは、経営理念には程遠い、私の書いた作文のようなものになりました。

でも、言葉遊びにならないで、私の本当に創りたい会社を経営理念に置き換えたかったのです。

そこから、幹部メンバーとのディスカッションが続きます。来る日も来る日も、「俺はこんな会社をつくりたい！」「私はこんな会社で働きたい！」と、やり合いました。そうです！　働く人たちが主役の会社です。

メンバーからも、色々な話を聞くことができました。今まで、売上を上げることや利益が上がる話はしても、こんな生き方や考え方、大切にしている信条などを聞いたこともありませんでした。

私にとって、今までの社長業とは別世界です。「会社は潰すわけにはいかない！　もちろん、利益も出さなければならない！　でも、一番大切なのは働く人たちがこの仕事を通じて輝いたり幸せを感じなければ意味がない！」―それが私を含め参加者の共通の認識でした。

皆でイメージのすり合わせができたら、後は経営理念となる言葉なんて、正直何でも良いと考えました。働く仲間がよりどころにできる言葉で、わかりやすく、共感できる言葉がいいと思いました。

そして誕生したのが、【元気発信】という、現在も大切にしている当社の経営理念です。

10　お客様からのありがとうが一番の喜び

自分自身が笑顔になる

そのときに私が決めたことは、「絶対に笑顔を絶やさない！」ということでした。それまでの私は、営業成績の悪い営業マンが夕方会社にいると腹が立ちました。睨みつけるようにその営業マンを見ていたときもあったことでしょう。

「俺は、お前らの給料を払う為に必死になって資金繰りに走り回っている！　なのに、何でそんなヘラヘラ笑いながら夕方の営業タイムに社内にいるんだ！」－そう怒鳴りつけたい気分になりました。

仕事をしているときも絶えず、眉間にしわを寄せていました。「俺は大変なんだ！　俺は必死にお前らの為に頑張っているんだ！」－そうアピールをしていました。何の意味もないことなのに。険しい顔は、「私は貴方たちを認めていません！」という意思表示でしかなく、そんな意思表示をされたメンバーたちにとっては、単なる嫌味にしか見えなかったはずです。

笑顔の理由

自身が笑顔で人と接するようになると、周りにも笑顔が増えました。私が笑顔で話しかけると笑顔で返してくれます。笑顔が増えるだけで会話も増え、コミュニケーションが良くなります。

そして、気づきました。当時は、いざなぎ景気の始まりです。お客様からも少しずつ広告を出すニーズが増え始めます。すると、メンバーの人たちの笑顔が益々増してきます。

人は、人に認められたり、受け入れられることで笑顔が増えることを学びました。楽しいから笑顔になるのではなく、楽しいと笑います。笑顔とは、心が温かく、満足度が高く、幸せを感じると自然に出てくるものです。だから、私が笑顔で話しかけても笑顔になれるし、お客様から沢山注文をいただけることで笑顔が増えるということです。

ちなみに、人の一番のストレスの原因は、人間関係です。この人間関係を良くする一番の方法が、感謝をすることだと聞いたことがあります。お互いが感謝し合っているのに人間関係が悪いということはないと思います。

そして、次に大切なのが、笑顔ではないでしょうか。お互いが笑顔で会話をしていれば、必ず人間関係が良くなります。笑顔で話しかけて来る人に笑顔を返せば、もう、この2人は人間関係でストレスを感じることはないでしょう。

「ありがとう」には「ありがとう」と返ってくる。お店で飲食をしたとき、お会計の際に、お店の人は「ありがとうございました！」と言います。

これは当り前かもしれませんが、お金を払った貴方も、何気なく、「ありがとう！　ご馳走様でした」と言っていませんか。何だか不思議です。お金を払った人が「ありがとう！」と言っているのですから。

私が思うに、「ありがとう！」という言葉への返事は、「こちらこそありがとう！」というのが、一番人として自然な流れで、これこそがお互いに存在を認め合った最高のコミュニケーションの言葉だと思います。

第3章

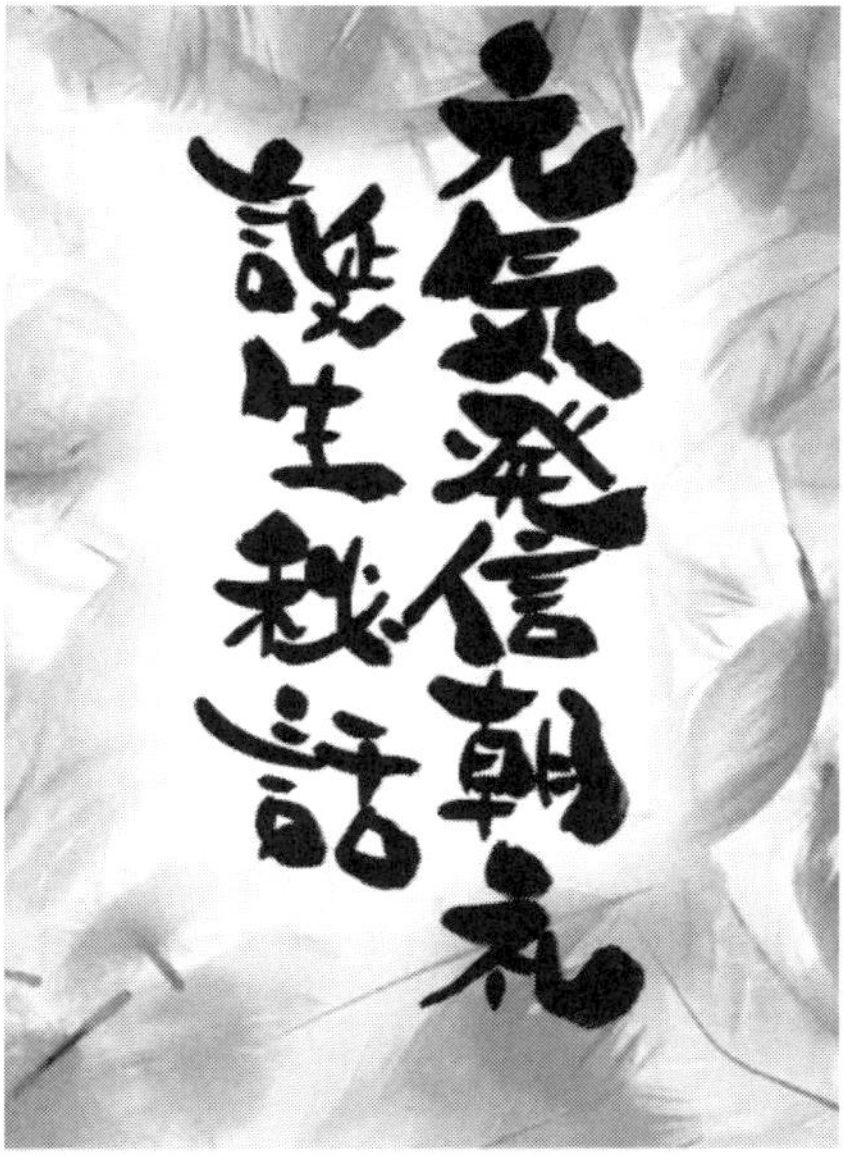

1　業績悪化でメンバーから笑顔が消えた

リーマンショックの洗礼

２００７年夏頃から、アメリカのサブプライム問題に端を発して、段々景気が悪くなってきました。世の中は、いざなぎ景気の終焉を迎えます。

当社の売上も徐々に減少し、怪しい雲行き…。そして、２００８年の10月に起こったリーマンショックが日本にも襲い掛かります。急激な業績悪化、業種を問わず日本の企業は苦しめられました。

当社の求人広告も、毎月、前年対比70％になりました。あっという間に売上が80％ダウンです。バブルの崩壊も経験していましたが、それも日本が経験をしたことのない、マイナス成長。まさかその10数年後の今度は、１００年に1度と言われる大不況の襲来です。私たちは、打つ手もなく、荒波に飲み込まれるように業績を落としていきました。

何を大切にするか？　という前節で触れたように、笑顔で会社の雰囲気も業績も良くなりました。でも今度は、お客さんのところに行って、求人広告を案内しても、「こんなときに人なんて採れるか～！　帰れ～！」と追い返されてしまいます。

人は、人に認められたり、ありがとうと言われることで幸せを感じ、笑顔になれます。それが、行く先々で、追い返されるのです。これにはさすがに明るいメンバーの人たちも落ち込みます。社内からドンドン笑顔がなくなりました。

以前の私なら、「会社を潰さない為に何をするか?」を考えたと思います。でも、このときの私は違っていました。「メンバーの人たちがどうすれば笑顔になれるか?」を考えました。営業メンバーには、「こんな不景気に人の採用を考える企業は少ない！　真冬にいくら性能が良くって、安くて便利なクーラーを売りに行っても買わない。だから、皆は落ち込まなくていい！　それよりも笑顔でお客さんの所に行って、笑顔で『また、求人を考えられた際にはよろしくお願いします！』とだけ言って来い！」――そう言って送り出しました。

私にとって経営の目的は、潰れないことではなく、働く仲間が元気に笑顔でいてくれることだからです。

儲かっているのはお前の会社だけ！

来る日も来る日も売上は上がりません。「笑顔になれ！」と言われても、そんな急に笑顔になれるわけではありません。

そこで、現在も続けている「元気発信朝礼」を開始しました。するとどうでしょう。今までなかなか笑顔になれなかった仲間の顔にドンドン笑顔が戻ってきました。それどころか、営業マンがお客さんのところへ行くと、「こんな時代に儲かってるのはお前のところだけだ！」と言われるようになったのです。

これは最大の褒め言葉です。ラーメンが好きな人でも、お腹がいっぱいのときにラーメンは食べたくありません。でも、お腹が空いたら、ラーメンを食べたくなります。その際、潰れかけたラーメン屋か、いつも活気があって儲かっていそうなラーメン屋か、どちらでラーメンを食べるでしょうか？　お客様から儲かっていると思われている会社は、潰れかかっている会社より安心です。ですから、当社は必ずV字回復する！　と確信しました。

そうはいっても、資金には限界があります。その資金が続かなくなるのが先か、景気が良くなるのが先か…？　結果的に、約1年後に景気が回復に向かうと、当社はその回復曲線をはるかに上回るスピードで業績を回復させたのでした。

2　悪いのは経営者の責任！　いいことはメンバーのお陰

経営の目的は働く人の幸せ

以前の私なら、赤字が続けば、焦ってイライラして、メンバーの人たちを叱責していたと思います。でも、私は、笑顔を絶やしませんでした。何故なら私の経営の目的は利益ではなく、経営理念に掲げた「人と企業を元気にします！」「働く仲間とその家族を元気にします！」ということだからです。

経営の目的が「潰れない」ことだったときは、いつも「潰れないこと」、すなわち「もし潰れたら…」を考えていました。しかし、働く目的が変わってからは、いつも働く人の元気や幸せのことばかり考えていました。赤字になって、私の顔から笑顔がなくなったら、ただでさえ笑顔になれない人が、なおさら暗い顔になって下を向いてしまうに違いありません。

ですから、私は、笑顔で、前を向くことしか考えませんでした。

大嶋啓介さんとの衝撃的出会い

ちょうどその頃、大嶋啓介さん（株式会社てっぺん代表取締役、居酒屋甲子園初代理事長、人間力大学学長）の講演を聴く機会がありました。

私自身、この数年前に「いい会社を創る」とは決めていましたが、私にとって「いい会社」のイメージが沸いてきません。ただ1つあったのが、「笑顔が絶えない会社」ということです。いくら私が笑顔でいても、メンバーの顔からはドンドン笑顔がなくなりました。何か大きな変化をしないといけないときだとはわかっていても、理想のイメージが浮かんでいませんでした。

そのときに出会った大嶋啓介さんは、私にとって衝撃でした。皆が夢を語り涙する朝礼！―それを傍らで見守りながら笑顔で頷く大嶋さん。私がつくりたかった「いい会社」のイメージが、一気に沸いてきました。「こんな会社になりたい！」「こんな大嶋啓介さんのような経営者になりたい！」。人は、誰と出会うかで人生が決まるといいます。まさに大嶋さんとの出会いは、私の人生を大きく変えてくれました。

3　最後の望みを掛けた沖縄研修

ワクワクが止まらない

大嶋さんに出会ってからの私は、毎日がワクワクしてたまりませんでした。毎月、凄い赤字で借金は膨らむ一方なのに…。でも、私には、「いい会社を創る！」という夢があり、その具体的なイメージであるてっぺんと大嶋さんに出会ってしまったのです。

「何もやらずにこのまま赤字が続いて、メンバーの顔色が悪いまま会社が潰れるくらいなら、皆が笑顔で幸せを感じながら会社が潰れたっていいじゃないか!?」―本気でそう考え出すと、何かを始めたくて仕方ありません。

当時、私は、ヘソクリを200万円持っていました。昔の私なら会社が潰れたときのことを考えて、子どもの名義に変えていたでしょう。でも、このときは、このお金で何とかメンバーに笑顔を取り戻して幸せになってもらう為に使いたい、という衝動に駆られました。当時40名以上いたメンバー全員に分配してもたかだか1人5万円です。そんなお金を渡しても、生活費に消えていくだけでしょう。そこで考えたのが、沖縄研修です。

てっぺんに憧れて大嶋啓介さんの講演会に参加された方は、「てっぺんの歴史」という映像を見られたことがあると思います。てっぺんの創業から現在に至るまでのメンバーの成長や覚悟を紹介した映像です。その中でてっぺんでは、「毎年沖縄に行って研修をしている」という紹介がありました。沖縄の砂浜で車座になり、全員が夢を語り合う！　メンバーは、その夢を1つずつ叶えていくという内容です。

そのシーンを見た私は、感動しました。私がつくりたい組織は、てっぺんのような組織です。ですから、単純に沖縄に行きたいと思いました。沖縄に行って、メンバーと涙しながら語り合いたいと考えたのです。

私は、幹部の前で「沖縄に行くぞ！」と言いました。「そんなお金どこにあるんですか？　今、会社はそんなことを言ってられる状況じゃないってご存知でしょ!?」と怒られました。でも、心配ご無用！　費用は私のポケットマネー。この売上が悪い時期に2～3日休んだからって業務にそれほど影響が出るわけでもなし。沖縄には1か月半後に行くことに決まりました。

やり切り宣言

沖縄に行くと言っても、遊びに行くわけではありません。あくまでも研修です。私たちの業績は危機的状況です。今まで１００やっていたことを１２０頑張っても追いつきません。今までに経験をしたことのない、自分の乗り越えたことのないハードルを乗り越える必要がありました。

そこで、全メンバーに「やり切り宣言」という目標を出してもらいました。これは、結果ではなく、プロセスや行動レベルで目標を立てることです。

今まで「10件の訪問だった人は毎日30件の訪問を目標にする」とか、新人は「1か月で100枚の名刺を獲得する！」とか、自分たちが今まで「無理だ」と思っていたことを目標にして、1か月半の間にチャレンジして成果発表を沖縄で行おうという研修です。それぞれの立てた「やり切り宣言」は、社内に貼り出され、誰もがお互いの目標達成を支援し合うことを約束しました。

メンバーの顔色が変わりました。全社で沖縄に行くということすら、創業期の社員旅行以来ですから、それ自体が今までにない経験です。今の延長線上に未来を描くのではなく、未来から見て、今、何をすべきかを考えるいい機会になりました。

社内は熱い空気に包まれ、あちこちでお互いに叱咤激励する声が沸きあがりました。メンバーの心のスイッチに火がついたのです。

未来の自分をイメージするメンバーが本気になりました。私は、毎朝の朝礼で、「貴方はどんな気持ちで沖縄に行くのでしょうか？　やり切り宣言を達成して、達成感一杯になっていますか？　途中で諦めてしまったことをうつむきながら報告しますか？　この研修は、貴方自身の本気が試されています。あなた自身が無理かもと思っていたことを達成して成長するチャンスです。沖縄に行ったとき、どんな気持ちになっているかは、あなた自身にかかっています。後悔しないよう、沖縄に胸を張って行けるように頑張ってください！」と話をしました。

「これ以上無理です！」「私は沖縄に行きたくありません」と泣き出す人も出てきました。でも、それを仲間が助け出したのです。「一緒に沖縄に行こう！」「最後まで諦めるな！」「俺も手伝うよ！」……。最高のチームです。お互いが立てた目標達成に向けて、お互いが支援する最高のチームです。

本気の手紙交換

メンバーが動き出しました。本気で動き出しました。それを見ていて、私も居ても立ってもいられません。私にできることを一生懸命に考えました。そして出た答えが、全メンバーとの「本気の手紙交換」です。

全メンバーから、私宛に手紙（メール）をもらったのです。「仕事のこと、将来のこと、今の悩み、不平不満、何でもいいから私に手紙を書いてくれ！」。その手紙を読むと、それぞれの思いが伝わってきます。

私に対する不平や不満も沢山出ました。形だけ、３行の手紙もありました。でも、私は、その手紙に書かれた想いを最大限に想像で膨らませ、レポート用紙５枚の手紙にして彼らに返しました。それが社長の私にできる、彼らへの支援です。

私自身が営業先を駆けずり回って売上を上げることは簡単ですが、小さなことです。それよりも、頑張っている彼らを応援するのが社長の使命だと考えたからです。手紙には、私が沖縄にメンバーと行きたいと思った熱い想いや、「頑張ってくれてありがとう！　将来に向かって一緒に考えよう！」と綴りました。

私はこのとき、初めてボールペンのインクがなくなることを経験しました。学生時代から字を書くことが嫌いだった私は、１週間でレポート用紙３冊分、１５０ページの手紙を書いたのです。

もらったメンバーが感動してくれたのはいうまでもありません。感動が人を動かすのです。

本気の面談

私は、それから、１人ずつ、約2時間の面談を行いました。30人としても60時間の面談です。これを2週間でやろうと思うと、１日６時間です。でも、これも私の本気度の現れでした。面談の際、私が渡した手紙を握り締めて泣き出す人もいました。

「絶対に、この会社を潰したくない！　お互いが支援し合えるメンバーを失いたくない」―彼らの本気モードは一気に高まりました。やり切り宣言を諦めかけていた人も、再度、諦めずにチャレンジすると宣言してくれました。

誰もが本気になっていく姿は「人が成長していく姿」そのものでした。本気！　感謝！　感動！　本気の人には応援者が現れる！　本気の人は回りに感謝ができる！　そして本気の人は周りの人と感動を味わえる！

ちなみに、この「本気の手紙交換」「本気の面談」に使っている「本気」という言葉は、大嶋啓介さんが講演のときに行う「本気のじゃんけん」やてっぺんの「本気の朝礼」から拝借しています。

元気発信朝礼

ここまで盛り上がってきたら、今度は朝礼による社風改革です。そのときの私の理想の社風は、てっぺんの社風です。てっぺんの朝礼には、私をはじめ幹部や中堅メンバーは全員参加させていただきました。幹部や中堅社員も、てっぺんの本気の朝礼に感動してくれました。

これは一気にやるしかない！　私は、てっぺんの朝礼を参考に、自社なりの朝礼のイメージを膨らませました。私がつくりたい会社のイメージに沿った朝礼です。そしてまとめたのが、現在も続く「元気発信朝礼」の原型です。

中堅メンバーにこの朝礼を説明すると、賛同してくれました。そして、幹部メンバーにもこの朝礼をやりたいと話すと、協力を約束してくれました。これで沖縄研修のプログラムは整いました。後は沖縄で一気にこの朝礼から研修をスタートするのを待つばかりです。

全員で沖縄に行きたい！

いよいよ全社員は、沖縄で生まれ変わろうとしています。ただし、残念ながら、沖縄には、パート社員の方は連れて行けませんでした。パートさんは、お子さんが小さい方もおられるので、留守番を頼みました。そのときパートの方に言われた一言を今でも覚えています。「私たちは留守番でも構いません！　でも、行くからには社員の人を全員連れて行ってあげてください！」。

実は、私は、迷っていました。「行きたくない人もいるだろう…」「こんな会社辞めたい！って人もいるだろう…」。そんな人まで連れて行って一緒に感動できないのなら、連れて行かなくてもいいのではないか？　と。

また、幹部会議で参加メンバーの確認をしているときのことです。沖縄研修に行くのは4月26日からです。その年は、リーマンショックで内定取消しが相次いでいました。当社では3名の内定者がいましたが、内定を取り消さず、採用しました。私は、「まだ、入って数週間の人たちを沖縄に連れて行って、感動の研修ができるだろうか？」「内定取消しをしなかっただけでも、会社としては最大限の努力をしているんだから、連れて行かなくてもいいんじゃないのか？」と思案していたのです。ところが、幹部社員からは、「この子たちは、これからの会社を担ってくれる人たちです。この人たちも一緒に連れて行ってください！」そう頼まれてしまいました。

私のポケットマネーで行くことを知っていたこの幹部は、決して甘い気持ちで言っているのではない、ということはすぐに理解できました。そして、全員を連れて研修を行うことに決めました。

沖縄レジェンド研修

こうして研修に行く当日、私は、バリカンで頭を丸めて待ち合わせ場所に向かいました。決して生半可な気持ちで行くのではないということを、参加するメンバーにもわかってもらいたかったからです。本気の研修です。本気の沖縄です。ここで会社の命運が決まる研修です。

私は、数人の経営者仲間に、研修内容などについて相談に乗ってもらいました。そして、タマキ社労士事務所の玉置代表が命名してくれたのが、「沖縄レジェンド研修」でした。行く前から伝説にする研修と決めていたのです。

研修は、大きな声で挨拶から始まる「元気発信朝礼」からスタートです。メンバーは、恥ずかしがりながらも、笑顔で朝礼を行ってくれました。私は一人ひとりの名前を点呼しながら涙をこらえるのに必死でした。皆、素敵な仲間！　誰1人としていなくなっては困る仲間だと。

朝礼のスピーチでは、この沖縄研修を迎えるまでの1か月について話してくれました。「逃げ出したくて、たまらなかった！」「自分がこの場所に立っていていいのかまだ不安です」と。

次に、1か月のやり切り宣言に対しての報告です。その内容は、結果がどうであれ、自分が目標に対して、この会社に対して、この仕事に対して、どんな想いでこの1か月を過ごしたのかという内容でした。

いつも冷静でニコニコしているA君は、「役割って何だろう、やり抜かなければならないことって何だろうって真剣に考えました」と言いながら、いきなり泣きながら報告をしてくれました。人は、本気になれば泣けてくるし、怒れるし、笑えるし、本当の自分を自己開示できるのです。研修は、皆で大泣きしました。

こうして誕生した元気発信朝礼。私たちは、今でもこの研修のときのＤＶＤを見て感動します。皆が本気になったこのとき。この朝礼でどれだけ元気になれたことか。今でもこのときの気持ちを思い出すと心が震えます。

沖縄教育出版さん訪問

沖縄に行くにあたり、ただ、自社の内部研修を行うだけでは折角沖縄に行く価値がありません。私は、どうしても沖縄教育出版さんの朝礼に参加したいと思いました。沖縄教育出版さんは、坂本光司先生の著書「日本で一番大切にしたい会社」にも紹介されている、われわれの目指すべき「いい会社」の代表格の企業様です。

しかし、普通に朝礼に「参加させてください！」と言って、もなかなか叶わないことです。そこで、沖縄の同業者、冒険王株式会社の佐和田社長にいろいろとご尽力をいただき、ご紹介をいただきました。このご縁で、われわれの研修に冒険王さんも加わり、2社の合同研修になり、これはこれで有意義な研修になりました。

沖縄教育出版さんの朝礼では、朝礼というよりは、業務報告会や新商品発表会に似たムードで盛りだくさん。参加されている社員の方も、皆さんニコニコとしておられ、「あぁ……いい会社ってこうして働く人たちが笑顔になるんだ！」と感心してしまいました。

この経験は、後に自社の朝礼の意味を考える上でも、大変参考になりました。

私の中で、一般の朝礼と考え方、空気感などがすべて違っていて、衝撃を受けました。その場にメンバーも同席させていただけたことに感謝です！

第4章

1　働くとは幸せに生きること

仕事が幸せでなくて、人生は幸せになれない

よく、「仕事は辛くて苦しく我慢してるけど、家族が居て幸せ！」とか、「仕事は嫌だけれど、プライベートで楽しいから幸せ」という言葉を耳にします。果して、仕事の時間が幸せでなくて、人生が幸せでしょうか。

1日は24時間です。仮に8時間の睡眠を取るとして、起きている時間は16時間。仕事は、残業があって、10時間働くとしましょう。通勤に片道30分の往復1時間。仕事に行く準備として、顔を洗ったり、服を着替えたりするのに1時間が必要だとしましょう。すると、1日24時間—睡眠時間8時間—準備と通勤2時間—労働時間10時間＝4時間となります。

もし、仕事が我慢するものだとしたら、1日4時間（お風呂に入ったり、食事をしたりする時間も含めて）が幸せであれば、後の20時間は幸せでなくて、人生は幸せですか？　私も、昔は、仕事は我慢して「人のやらないことや嫌がることをするからお金がもらえる」、そのお金をもらう手段が働くことだと考えていました。

でも、よく考えると、人生のゴールデンタイムを仕事の時間に費やし、その時間が幸せでなくて、

どうして幸せな人生といえるでしょうか。仕事の時間が幸せであることが、幸せな人生を送る為に最も重要なことだと気づくはずです。

働く目的

「貴方は何の為に働きますか？」―多くの学生は、「生活の為」「自立する為」「自分の可能性を試す為」といいます。

実は、多くの人は、お金を稼ぐ手段として働くことを考えています。それも間違いではありません。確かに働いてお金をもらえなかったら、ボランティアですから…。

では、「お金の為」＝「飯を食う為」＝「生命を維持する為」だとすると、貴方の働き方は、野生の動物が腹が減ったから狩りをしたり、食料を求めて移動し続ける動物と何が違うのでしょうか。もし、生命維持の為に働くのなら、楽して多くのお金を得られるだけのことを考えればいいのではないでしょうか。野生の動物も同じです。ですから、人の獲った獲物を横取りしたり、食料を横取りしたりします。狩りに行くより、人の獲物を奪ったほうが、楽をして沢山食べられますから。仕事にそんな価値観を持っている人が、今はやりの「俺おれ詐欺」や、「架空投資詐欺」を起しているのです。これは、働くことの意味を教える大人がいなかった結果です。ですから、私は、自社で働く人だけでなく、多くの人たちに講演などを通じて人間が働く意味を語りまくっているのです。

仕事の目的を学べるこんな話があります。

レンガ積みの職人に「貴方の仕事は何ですか?」という質問をしました。1人目の職人は、「私の仕事は毎日レンガを積んでいます」と答えました。

2人目の職人は、「私はレンガで壁をつくっています」と答えました。

そして3人目の職人は、「私は笑顔が溢れる学校や教会をつくっています」と答えたといいます。

映画《神様はバリにいる(原作/クロイワ・ショウ)》で、バリのアニキが造ろうとしていた幼稚園。そこで働く人たちは、皆、子供たちの笑顔の為に、レンガを積んでいたに違いありません。つまり、仕事をするにおいても、自分のしている仕事は誰にどんな幸せを与える仕事なのかを考えると、ワクワクしませんか。どんな仕事も誰かの役に立っているのです。

もちろん、お金の為という側面はあります。それは前に書いたように、我々も生命体として生きていく為には飯を食わなければならないからです。

しかし、人間は、動物と違い、役割を分担しています。魚を獲る人、野菜をつくる人、牛を育てる人、その為に網をつくる人、鍬をつくる人、牛舎を建てる人など。そんな風に役割を分担していったのが職業です。今の職業の根源は、すべて人が生きる為でした。そこから発展して、「快適に生きる」「便利になる」など、知恵を使った仕事に派生していったのです。

人間は、動物と違い、人に喜んでもらうことを幸せと感じます。つまり、人の役に立つことや頼られたり当てにされることで、幸せを感じます。究極の幸せとは、「人に愛されること、人に褒められること、人の役に立つこと、人から必要とされること」。これは、障害者雇用で有名な日本理化学工業所株式会社の大山泰弘氏の言葉です。古くは導師の言葉といわれています。この４つのことこそ、仕事を通じて実現できる究極の幸せではないでしょうか。

成長変化して新しい自分に出会う

もう１つ、私が働く目的に上げているのは、人は知らないことを知れたり、できなかったことや無理だと思っていたことができることを幸せに感じます。

子供が初めて歩くとき、何度尻餅をついて転んでも、飽きることなくチャレンジし続けます。諦めることはしません。しかも、その顔には笑顔すら伺えます。そして、１歩を踏み出したとき、満面の笑みを浮かべ、手の届かなかった机の上に手を伸ばしたり、お母さんに両手で抱っこをしてもらいに駆け寄ったりします。何よりもハイハイしていたときと、明らかに違う視点の高さから世の中を見れるようになるのです。まさに、別世界の自分に会えるということです。

実は、こんなチャンスこそ、仕事の中に沢山あります。いや、それどころか、そういうことが仕事なのです。新しい自分に出会って、新しい視点で物事が見られて、知らなかったことをドンドン覚えていくことができるのです。

知らないことは、話を聞いてもチンプンカンプンで面白くありません。でも知ってくれば、面白くなります。私は、ＡＫＢ48の話を聞いても何も面白くありません。野球の話も面白くありません。でも、知ればきっと面白いんだと思います。要するに、自分が興味を持てばドンドン世界が広がり、仕事が楽しくなるということなのです。

2　人生はきょう1日の生き方の結果

1日を幸せに生きるには

1日の時間の過ごし方で人生は変わります。働くという1日の多くの時間が、生きる為の犠牲であっては、幸せな人生とはいえません。つまり、その仕事の時間を幸せに生きることが重要です。

毎日、指示されたことを嫌々するのではなく、指示されたことは「役にたつこと」と感じ、難しい難題を言われたら、「成長のチャンス!」と捉えることで、仕事の幸せ感は数倍に膨らみます。

人に喜んでもらえる仕事をすると、褒められたり、役に立ったり、必要とされます。人に「やってくれ!」と頼まれた仕事は、相手を満足させる仕事です。それは、多分、役に立っても、あまり感謝はされないと思います。

人は、「感動する」という、動物にはない感情があります。動物は、満足か不満かしかありません。優しくしてもらって、感動して、相手をハグしている猿を、私は見たことがありません。

では、人間が人間らしく働くとは、どういうことでしょうか。人に言われる前にその仕事をやっていたら、多分、感動してもらえます。感動は、感謝より心が震える状態です。役に立って「ありがとう！」と言われる一歩先の仕事をすることで、もっともっと幸せになれるということなのです。

１日の始まりは朝にあり

では、今度は、仕事をする1日を分析してみましょう。

２０１3年に、シチズンが社会人1年目の社員に「仕事で無駄だと思う時間は」というアンケートを取りました。結果は、「朝礼」が堂々の1位です。仕事を始める朝のスタートの時間が一番無駄な時間になっていて、果して仕事が幸せな時間になるでしょうか。

一般的な朝礼のイメージは、《社長の話が長い》《いつもやる気を削がれる話が多い》《自分に関係のない話が多い》《ダラダラしている》―そんな感じではないでしょうか。朝礼が、そんなマイナスのイメージで、1日が幸せを感じられ、明るく笑顔になって、元気が出せるわけがありません。

どんな朝礼をするかはトップやリーダー次第

当社にもよくいろいろな会社の社長が朝礼の見学に来られます。皆さんがおっしゃるのは、「ウチの会社の朝礼を変えたいんですよ」「ウチの会社の朝礼は元気がなくて…」ということです。

私は、「いやいや、社長が元気じゃなくて、従業員さんに元気を出せって、そりゃ無理ですよ！まずは、社長が率先してどんな朝礼にしたいのかを示さなきゃ！」と返します。

私は、元気発信朝礼を日本一の朝礼にしたいと思って始めました。業績悪化で崖っぷちに立たされたときに、絶対にこの朝礼で不死鳥のように会社を蘇らせると、決めて始めた朝礼です。だからこそ、当社の朝礼には、様々な想いが込められているのです。

よく、「社員に朝礼を任せている」という社長がおられます。それでいて、その朝礼に不満を持っておられます。

私は、「元気な朝礼といっても、どれくらいの元気が元気な朝礼というのか、社員さんに任せるのはかわいそうですよ！　会社だって、どれくらいの売上にするのかっていうのはトップやリーダーが大体示してイメージしているものでしょ？　朝礼だって同じです。急にウチみたいな朝礼をやって、辞めたいって社員さんが出たら誰の責任ですか。朝礼を任された社員さんの責任じゃないですよね。それくらい強烈にやっていいのか、それともそこまではやらなくていいのか、会社の方針と同じくらい、朝礼は重要です。社長やリーダーがキッチリと理想の朝礼や朝礼の重要性を認識しなければ、導入してもすぐに反対する人が出てきて、潰されますよ！」と言います。

当社にゲストで来られる方には、大きく2とおりの方がおられます。1つは、自社の朝礼や組織風土に課題を感じられていて、積極的に学んで実践しよう！　という方。そして、もう1つは、自分自身が朝礼に参加して、元気になったり学んだりしたい！　という方です。

当社としては、どちらのゲストも歓迎ですが、個人的には自社（例え1人でも）に持ち帰って朝礼の実践をされる方が嬉しいです。何故なら、朝礼によって、必ず組織が変わり、社風が変わり、働く人たちの1日が変わるからです！

3　仕事とは壁を乗り越えること

有難い人生

皆さん、人生は上手くいったほうがいいと思っているはずです。何かわからないけど、嫌なことや辛いことは起こらないに越したことはないと思っているはずです。

では、その、嫌なことや辛いことがないことだけが幸せでしょうか？　人は、上手くいかないことや辛いことを乗り越えたときに大きな感動を味わいます。「もうダメだ！」と思ったその少し先にある、乗り越えた壁の向こうに幸せはあるのです。何となく上手くいけば、難のない人生になります。一方、いろんなことが起こり、悩んだり苦しんだり、難があるから有難い人生になります。

私たちは、仕事をする上で課題や目標を持ちます。その課題解決や目標達成に向けて、辛いことを乗り越えたり、嫌なことにも耐えていくこと自体が、難を乗り越える有難い人生と言えるのではないでしょうか。

そう考えると、仕事とは、難の連続です。やったことのないことや、無理難題が山積みです。これを乗り越えて対応していくことが仕事ですから、正に働くことは有難いことの連続なのです。

昔、私は働くことは義務だと思っていました。皆が嫌なことや辛いと思うことをするから、給料が貰えると思っていました。でも、それは大間違いだったのです。仕事は、幸せに生きる為の有難い権利だったのです。

壁を逃げるともっと大きな壁になる

私は若い頃、大きな壁が目の前に現れると、どうしても逃げようと考え、現実に一時的に逃げていました。でも、やっと気づいたのです。今、乗り越えない壁は、その後、更に大きな壁になって目の前に立ちはだかることを…。そして、逃げ続けていくと、どこにも逃げられない壁で四方八方を塞がれてしまいます。正にこれが八方塞がりです。

それから私は、どうせ逃げきれないのなら、思い切ってその壁にぶち当たってよじ登ってみようと考えるようになりました。確かに、しんどいし、避けて通れるものなら避けて通りたいとも思いました。でも意外に、体当たりしてみると、その壁をよじ登る足場があったり、誰かが腰を支えてくれたりするものです。

「人には乗り越えられる試練しか神様は与えない」とはよく言ったものです。そして、この壁を乗り越える習慣ができると次の壁を低く感じるようになり、ヒョイと乗り越えられるようになりました。これが、経験です。

どうせ越えなければならない壁なら、今すぐ体当たりしてみてください。案外容易に越えられますよ！

第5章

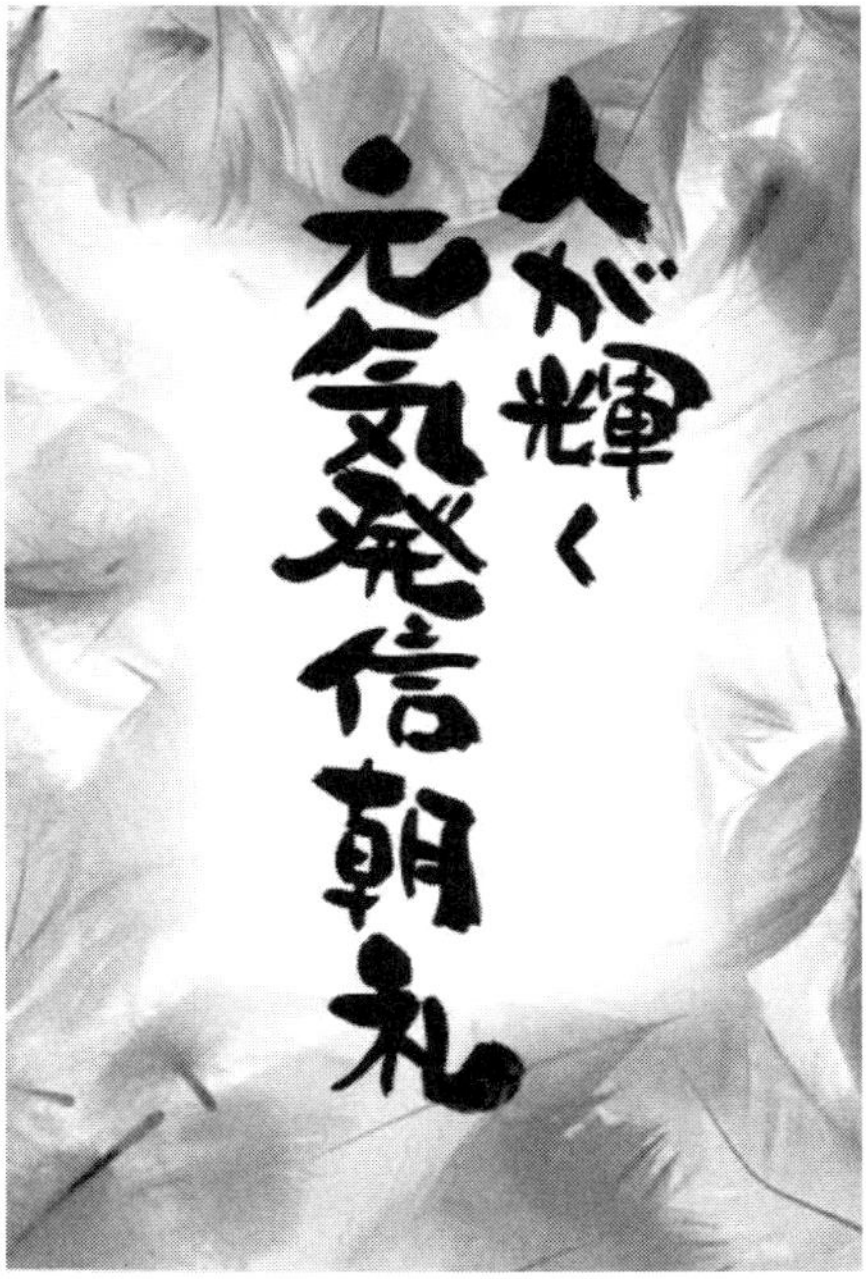

1　元気発信朝礼に想いを込めて

笑顔を取り戻すための朝礼

当社が元気発信朝礼を始めたときは、どん底でした。メンバーの昇給なし、賞与なし、お客様の所へ行っても門前払い。

メンバーの顔から笑顔が消えました。会社も、半年後には資金が尽きることがわかっていました。このまま暗い顔をして、会社が潰れていくのを耐えながら待つのか、それとも、メンバーがせめて笑顔になって輝く毎日を送りながら業績を回復させるのか。

私は、メンバーの笑顔を取り戻すことしか考えられませんでした。そして、沖縄に行くことを決め、そこで元気発信朝礼をスタートし、リ・スタートを切ることを考えました。

笑顔になれば何とかなる！　幸せだから笑顔になるのではない。笑顔だから幸せになれるのだ。

2　元気発信朝礼の流れ

株式会社ビイサイドプランニング　元気発信朝礼

朝礼開始９時

（5分前に集合し、円陣を組み、軽い会話を交わしながら時間を待つ）

＊音楽が始まる（当社は、プロバスケットボールチーム・滋賀レイクスターズを応援しているため、その試合会場で流れる音楽を流し、気分を高める）

開始挨拶

司会者・おはようございます。

参加者・おはようございます。

司会者・それでは、○月○日○曜日、ただ今から元気発

信朝礼を始めます。

本日の司会は、私○○が勤めさせていただきます。

体操

司会者・まずは体操から。

参加者・司会者の号令に従って体操（主に背伸び前屈、後屈、反体）。

司会者・隣の人とペアになってください（司会者の隣から2人ずつのペアになる）。

参加者・ペアになった人と、「お願いします」と挨拶を交わして、手を繋ぐ（主に手を繋いで反体、肩入れ）。

お互い、「ありがとうございました」と挨拶を交わす。

メンバー点呼

司会者・それではメンバーの点呼を行います。

○○部、●●●●

呼ばれた人・真っ直ぐに挙手をして、「おはようございます！」と大きな声で挨拶。

参加者・おはようございます（挨拶のあと、呼ばれた人も参加者も全員が合わせてお辞儀をする）。

呼ばれた人・両隣の人とハイタッチ。

司会者・参加者全員の点呼。

呼ばれた人・挙手・挨拶
参加者・挨拶・全員がお辞儀。
呼ばれた人・両隣の人とハイタッチ。
　以下、全従業員の点呼が続く。
＊パートさんなど、朝礼の時間にいない人には、全員で拍手。
＊直行や欠勤などで居ない人は、その部署の人が、その旨を伝えて全員で拍手。
司会者・以上、全メンバー○○名。本日も1日よろしくお願いします。
参加者・お願いします。

理念の唱和

司会者・続きまして、創業理念、経営理念、クレドカードの唱和を行います。
司会者・創業理念　サイド・バイ・サイド　共に育ち共に歩む。
参加者・共に育ち共に歩む。
司会者・経営理念　元気発信　私たちは、人と企業を元気にします。
参加者・人と企業を元気にします。
司会者・地域社会を元気にします。
参会者・地域社会を元気にします。
司会者・働く仲間とその家族を元気にします。

参加者・働く仲間とその家族を元気にします。
司会者・第〇〇期スローガン「〇〇〇〇〇〇〇〇〇〇〇〇〇〇」
参加者・「〇〇〇〇〇〇〇〇〇〇〇〇〇〇」

クレドカード唱和

司会者・続きまして、クレドカードの唱和を行います

＊創業理念や経営理念の唱和と同じように、司会者に続き、参加者が声高らかにクレドカードを唱和する。

＊クレドカードには、経営方針・行動方針・共育方針・商品に関する方針・利益に関する考え方とあり、曜日により順番に唱和する。

職場の教養の輪読

司会者・続きまして、職場の教養の輪読に移ります。
〇〇ページをお開きください。
〇月〇日〇曜日、「(テーマ)」
(一文節だけを朗読し、終わったら「ハイ」)
参加者・(次の文節を読む)
司会者・ハイ。
参加者・(次の文節を読む)

＊以降繰り返し。

司会者・（最後の文節の手前で）ハイ。ありがとうございました。

（最後の文節を読む）

きょうの心がけを斉唱いたしましょう。きょうの心がけ〜。

参加者・（きょうの心がけを全員で輪読）

司会者・それでは、職場の教養の感想を述べていただきたいと思います。

職場の教養の感想を言いたい人。もっと〜！　もっと〜〜！　もっと〜〜〜！（大体、３回から5回、この掛け声を掛ける）。

参加者・「ハイ」「ハイ」

（全員が勢いよく司会者にアピールするように司会者の声に合わせて挙手をする）

司会者・それでは○○さん（発表者の氏名）お願いします。

発表者・おはようございます。〜〜感想〜〜〜以上です。

参加者・拍手。

（このとき、発表者が「おはようございます！」と挨拶をしたら、参加者も挨拶を返して、すぐに発表者のほうに身体を向けて話を聞き、拍手が終わるときに、正面に向き直る）

ひと言スピーチ訓練

司会者・それでは、ひと言スピーチに移ります（司会者は、お題ボックスという、スピーチのお題が入った箱からお題を引き当てる）。
本日のお題は、「●●●●●●（お題ボックスから引き当てた紙に書いてあるお題を読む）です。それでは、目を閉じてください。
（お題について復唱し）発表する内容がまとまった方からゆっくりと目を開けてください。
それではスピーチ訓練。スピーチしたい人～！　もっと　もっと～　もっと～

参加者・「ハイ」「ハイ」（全員が勢いよく司会者にアピールするように司会者の声に合わせて挙手をする）

司会者・それでは○○さん（発表者の氏名）。

発表者・おはようございます。スピーチ～～　　以上です。

参加者・拍手。

＊以降、司会者は、同様に声を掛け、「ハイ」と手を上げさせて、５名の発表者を指名。

スピーチ大賞の表彰

司会者・ありがとうございました。それでは、本日のスピーチ大賞の発表に移りたいと思います。
本日のスピーチ大賞を○○さん、決めてください。

＊司会者は、今まで発表していない人の中からスピーチ大賞を決める権限者を指名します。

指名者・それでは、本日のスピーチ大賞は、●●がよかった、○○さんでお願いします。

参加者・拍手。

大賞受賞者・表彰者・中央へ。

（ここで表彰を行いますが、表彰者は社内活性委員会のメンバー）

参加者・拍手。

業務報告

各部署を呼び、その部署のリーダーやそれに準じる人が昨日の成果と本日の目標を発表。

ありがとうｏｒファインプレー報告

司会者・それでは、ありがとうｏｒファインプレー報告に移ります。

　日頃のお客様へのありがとうや、ファインプレーを報告してください。

　ありがとうｏｒファインプレー報告をしたい人～！

参加者・「ハイ」「ハイ」（全員が勢いよく司会者にアピールするように司会者の声に合わせて挙手
　をする）

司会者・それでは、○○さん（発表者の氏名）。

発表者・おはようございます。　～～発表～～～　以上です。

参加者・拍手。

その他連絡事項

司会者・その他連絡事項がある方は挙手をお願いします。

参加者・（お休みの報告や全体へのアナウンス事項などを発言）

司会者のスピーチ

司会者・それでは、司会者のスピーチを行います。おはようございます。

参加者・おはようございます。

司会者・～スピーチ～

＊司会者には、極力、時勢ネタとか誰かに教えるとかではなく、自分自身の経験や気づきや成長について話してもらいたいと思っています。司会者は、自分が日ごろ感じていることや、伝えたいことをジャンルを問わずに話をします。

ワッショイコール！　スイッチオン！

司会者・それでは、本日も元気に1日を始めたいと思います。

部署名○○ワッショイ！

＊このとき司会者は、両手を高らかに上に上げる。

＊参加者も、司会者に続き、声を出して、両手を高らかに上に上げる。

＊これを3つの部署、そして最後に「Ｂ‐ｓｉｄｅ」と社名を呼び、ワッショイ。

司会者・きょうも元気に～！

司会者・参加者全員・スイッチオン！　スイッチオン！　スイッチオン！　本日も1日、よろしくお願いします。

参加者・お願いします。

ハイタッチ退場

司会者・それでは、○○さんから、ハイタッチをお願いします。
＊指名された人が円陣の内側を全員とハイタッチをしながら退場。
＊一番にハイタッチをされた人が、その後ろに続き、最後には全員が全員とハイタッチをして退場。

3　元気発信朝礼を分解する

朝礼開始9時

「朝礼は勤務時間内に行うものなのか、勤務時間外に行うものなのか」という質問をたまにいただきます。私は、絶対に勤務時間内に行うべきだと考えています。なぜなら、朝礼は、仕事の一部だからです。逆に、仕事として強制力をもって取り組んでもらいたいと思っています。

前述したように、朝礼は、トップやリーダーの意思の元、企業文化を創る上で最も重要な時間だと思います。その大切な時間が、時間外だとシックリきません。

また、もし、時間外に時間外手当も支払わずに朝礼を行うと、参加する人の中には、「何で、こんな嫌なことを強制されなきゃならないんだ」という反発も起こりかねません。

本書を手にしていただいた方は、自社や自分を変えたいと思っておられる方が多いと思います。元気のない朝礼を劇的に元気な朝礼に変化させたいとお思いではないでしょうか。

人は、変化を嫌います。新しいことを嫌います。なぜなら、今のままのほうが楽だからです。反対があって当然です。ならば、反対する人たちに反対する理由を与えずに、強制力をもって取り組むべきです。

一般的には、朝礼と掃除の時間は、勤務時間内か時間外かでいうとグレーです。だからこそ、あえて時間内に行い、その代わり、トップやリーダーの指導ができるようにすることが望ましいのではないでしょうか。

体操

なぜ、体操を行うのでしょうか。確かに、ラジオ体操をする会社も多いし、身体の柔軟性を高めたり、朝の目を覚ますにもいいといえます。しかし、私が大事に思っていることは、体操のときに隣の人と手を繋ぐことです。

一般的に、仕事中に仲間と手を繋ぐなんてことはあまりありません。でも、子どもの頃は、仲の良い友達と、男女を問わず手を繋いで帰ったりもしました。何だか、仲良しな気分になれたのではないでしょうか。

大人がいきなり「仲間だから手を繋いで帰ろう」なんて言ったら、おかしな人だと思われます。ましてや、異性にそんなことを言ったもんなら、セクハラ呼ばわりされるでしょう。でも、子どものときに嬉しかった手を繋ぐという行為こそ、童心に返って仲間意識がつく最高のアクションです。それを大人でもおかしくないようにできるのが、朝礼で体操をして、ペアーになるときです。

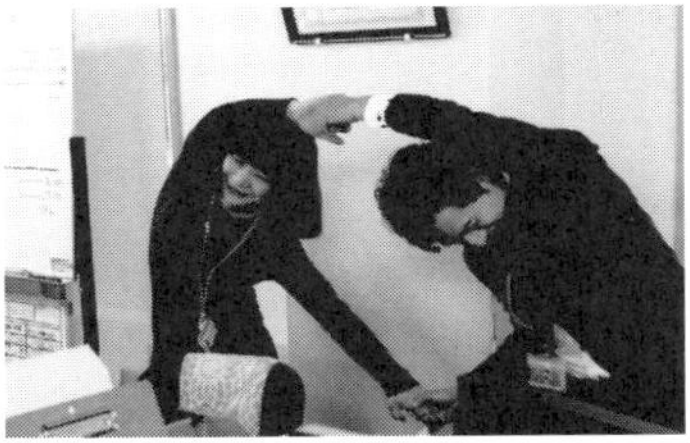

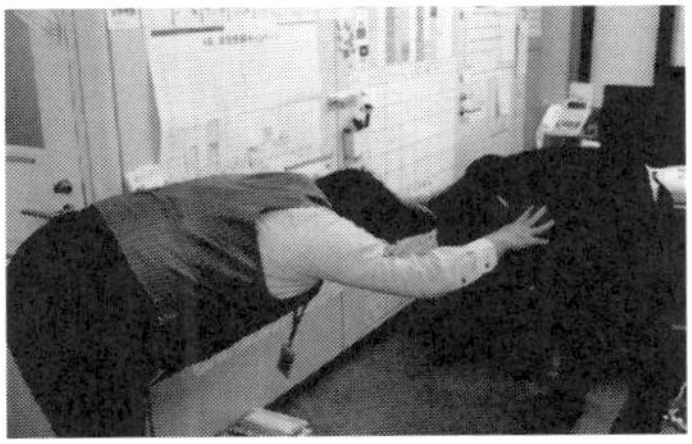

最初は、恥ずかしいものです。異性と手を繋ぐのもそうですが、同性と手を繋ぐのはもっと気恥ずかしいのです。照れ笑いが生まれます。笑顔が生まれます。手を繋ぐ前と後に向き合って挨拶をします。ですから、益々恥ずかしくて、照れ笑いが起こります。

体操は、本来の身体をほぐす意味とは別に、仲間意識を高めることと、笑顔を生み出すという効果があるのです。

メンバー点呼

当社では、全員の名前をフルネームで読み上げます。なぜなら、お互いのことを知るためです。30名ほどの会社ですが、部署が分かれていると、仕事中に会話を交わすことが滅多にない人もいます。

人は、知ることで近づくこともできます。皆がお互いのフルネームを知っているって、素敵じゃないですか。多くの会社では、苗字は知っていても、名前を知らないということも多いのではないでしょうか。

まずは、お互いの名前を早く覚えて知り合おうということです。

もう1つ、大きな意味があります。　それは、お互いの存在に感謝しようということです。人は、認められたいと思うものです。居ても居なくても解

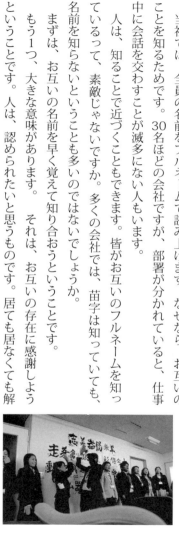

らないところに、自分の存在価値を見つけることはできません。

リーマンショックのとき、私自身笑顔を忘れないで置こうと決めていました。でも、ある日、パートさんから、「厳しい中、私たちパートは時間が短くなって、給料が減っても、最悪、会社を首になっても生活はできます。だから、正社員の人たちは守ってあげてください」と言われました。私は、涙が出るほど嬉しさと悔しさが込み上げてきました。私の中では、パートさんであれ、誰一人として欠けてもらっては困る掛け替えのない存在なのです。

理念の唱和　クレドカード唱和

皆さんの会社にも経営理念はあるでしょうか。もしかしたら、社是や社訓など、言葉は違うかもしれませんが、会社で最も重要に考えなければならない、判断基準であり、向かう方向です。

よく私は、「【顧客第一主義】という社是がある会社は、顧客が一番で従業員は二番だ！」と言います。これは極論です。何も従業員をないがしろにしている会社という意味ではありません。でも、究極の判断基準がそこにあるということです。

経営理念を額に飾っている会社を目にします。誰でも目につく場所に飾っ

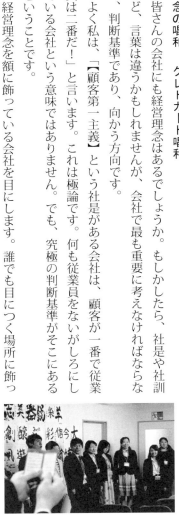

て周知しているのだと思います。

でも、その理念を、全従業員が書かれたものを見ないで言えますか。経営方針を見ないで言えますか。経営理念や社是は、飾っておくものではなく、仕事を通じて実践し、向かっていくものです。

私は、昔、経営理念を唱和する会社が嫌でした。まるで、会社の考え方を押しつけているようで、経営者のエゴのようにさえ感じていました。その私がなぜ経営理念や創業理念を唱和しているのか。それは、経営理念こそ、会社の究極の存在意義であり、私たちがもっとも重要に感じなければならない価値観だと思ったからです。

私たちの創業理念や経営理念は、仕事との向き合い方や目的を示しています。ですから、毎朝そのことを共有するのです。1日の始まり！　志事とは何なのか。作業や行動は、手段でしかありません。

職場の教養の輪読

「職場の教養」とは、倫理法人会が毎月発行している小冊子です。1日1つの文章が綴られていますが、その中味は多様です。経済的な話や、国際的な話から、人としての基本姿勢を問いただすような話題まであります。

当社では、倫理法人会の「職場の教養」を10年以上活用していますが、参加者が同じ文章を読んで、同じ課題について考えるという意味からも大変有効です。

時には、私がメンバーに伝えたいことを、角度を変えてわかりやすく解説してくれています。社長の話には「またか…」と感じる人でも、第三者の人の言うことは、ストンと心に落ちることもあります。

この感想もランダムに指名するため、誰が指名されるかわかりません。だからこそ、参加者全員が真剣に読みます。１つのことを皆で考えるいい機会になっているのです。

また、輪読の際には、各段落ごとに、司会者の「ハイ！」という声と同時に、誰かが次の段落を読みます。誰かが読まなければ前に進みません。でも、ここは指名ではありません。あくまでも任意で「ハイ！」と言って読み始めます。

仕事は、言われたことや指名されたことをやるだけでは、半人前です。自らが前に出て、皆のために動くことが大切です。人前で、自らの意思で、皆のために輪読をするということは、一人ひとりがお客様意識から、当事者意識を持つという意味でも有効です。この輪読に参加しなくても誰もとがめませんが、誰が読んでいるかいないかは、皆が見ています。

ひと言スピーチ訓練

このひと言スピーチが、元気発信朝礼の最も重視しているところです。ひと言スピーチのお題は、スピーチボックスという抽選箱のような箱の中に入っています。その内容は、「仕事をしていて一番嬉しかったことは」「貴方の夢を教えてください」など、仕事に関することや、「一番楽しかった家族との思い出は」や「あなたの小学生時代はどんな子どもでしたか」など、プライベートな情報のほか、「一泊で旅行に行くならどこがお薦めですか」「皆に教えたい便利グッズは」など自分が知りたい情報など、多種多様です。

なぜこのようなスピーチを考えたのか。それは、メンバーのことをお互いにもっと知りたかったからです。メンバーといっても、一人ひとりの人です。気が合う人や、話にくい人など様々です。でも、このひと言スピーチでその人の意外な一面を知れたり、人柄が伺えることで、メンバー同士の距離感が一気に縮まりました。

当社では、「発表したい人～!」と言われると、全員が手を上げるのがルールになっています。「ビイサイドさんって、皆さん元気で挙手されますが、ウチの会社じゃ、誰も挙げませんよ」とおっしゃる経営者の方もおられます。

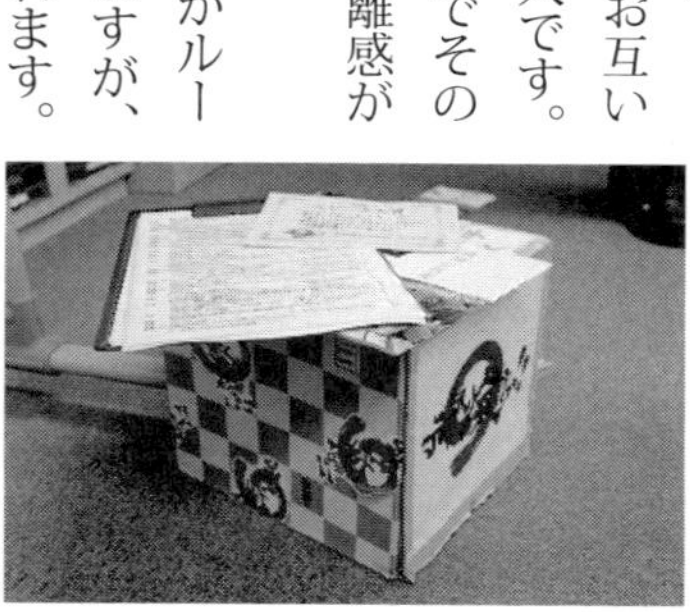

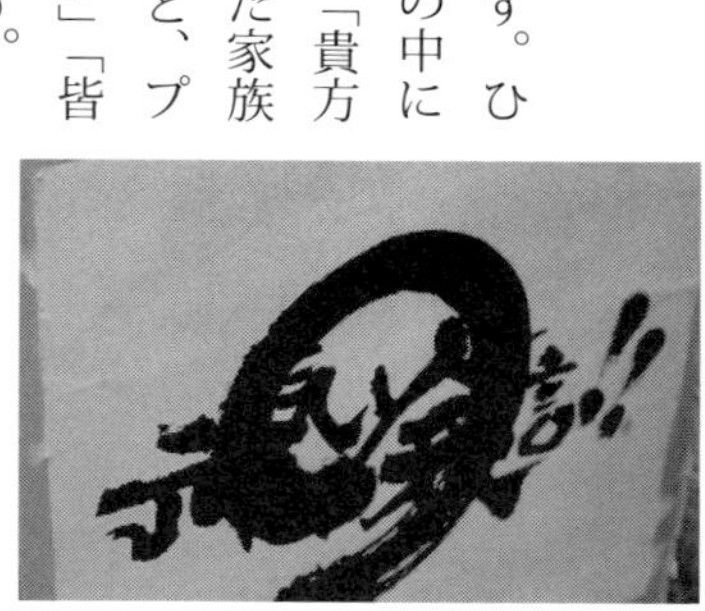

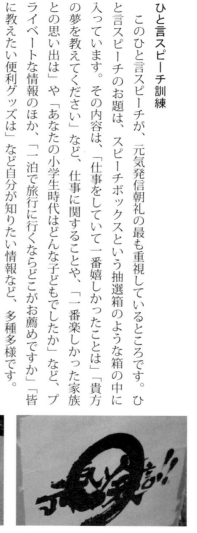

ウチもそうでした。

私は、てっぺんの朝礼に憧れていました。ですから、大嶋啓介さんに「なぜ、てっぺんでは、全員が挙手するんですか」と聞いたことがあります。そのときの大嶋さんの答えは、「そんなの簡単ですよ。全員が手を挙げるってルールにしているだけですから（笑）」でした。

この一言で全てが解決しました。だから強制力も必要なのです。

スピーチ大賞の表彰

当社では、スピーチの後、毎日誰か1人に「スピーチ大賞」という賞が与えられます。前述したように、人は認められたり、褒められたりすると幸せを感じます。特に、私のように学生時代に劣等生だった人間は、人に褒められた記憶がありません。色紙にコピーした小さな表彰状ですが、毎日誰かがもらえます。ですから、スピーチも一生懸命になります。

表彰される誰もが笑顔になります。そして、周りからは、「おめでとうございます」と惜しみない拍手が起こります。その日1日の気分が違います。なぜかにやけてしまいます。そして、この表彰は、自信にも繋がっていきます。社内での会話ももちろんですが、お客様の所に行って話すときもそうで

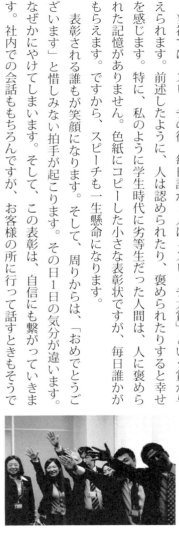

す。心のどこかで、誇らしい気持ちが持てるのです。これは人のモチベーションを高くします。当社の朝礼は、よくテレビの取材などで「ハイテンションな朝礼」と紹介されますが、実は、ハイテンションを目指しているのではなく、ハイモチベーションを目指しています。

会社は、働く仲間が最大のパフォーマンスを発揮してもらうことで、いい会社になると思っています。また、本人も、モチベーション高く、最高のパフォーマンスを発揮できることで、幸せを感じるのではないでしょうか。

この毎朝の表彰は、新入社員からベテランの人、幹部まで、すべてが共通に競える場です。幹部や普段偉そうな態度の人も、これがもらえないと肩身が狭くなります。逆に、新人でも、注目を浴びることができるのがこの表彰制度なのです。

業務報告

当社の朝礼は、元気で変わったことばかりをしているわけではありません。キチンと業務の報告も行っています。

ここでは、各部署から昨日の目標（日々の目標を立てている部署）に対しての進捗報告と、受注の報告（営業部署）、そして本日の目標や何をするの

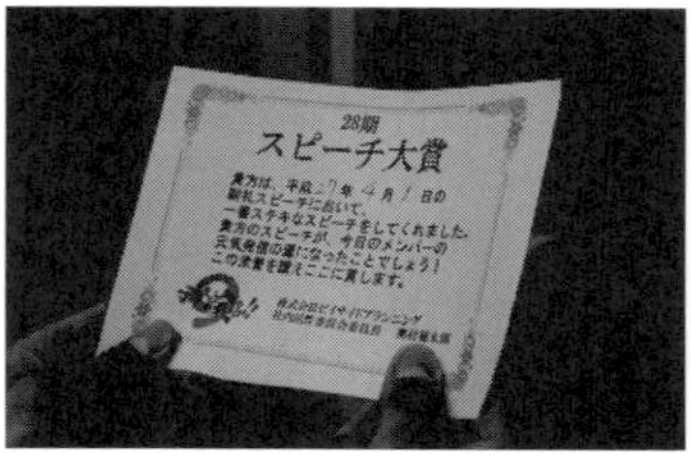

かということを発表しています。

とかく部署が違うと、他人事になってしまいがちです。だから、それぞれの部署で誰が頑張っているのか、何が進んでいるのかを報告し合って、お互いの部署に関心を持つようにしています。

当社は、昔は売れる営業マンをガンガンにクローズアップして、売れない営業マンの居場所をわざとなくしていました。しかし、それでは人が育ちませんし、お互いの協力も生まれませんでした。

それが、今のようにチーム力をアップする考え方や組織風土にすることによって、お互いが協力をして、売れない人には周りが応援するようになりました。もっとも、営業会社であることには違いはありませんので、成果についてはキッチリと報告し、できている人、できているコトには惜しみない拍手を贈るようにしています。

会社に来て、成果が上がらない人があまりにも居心地がよいようでは困ります。売上や目標が達成でき、皆から賞賛されることで、遣り甲斐を感じる側面も必要だと思っています。朝から業務報告で拍手が溢れると、活気づきますし、笑顔も増えます。やはり、ロマンとソロバン、理念と利益は、両輪で動かしていかないといけません。

ありがとうｏｒファインプレー報告

次に、ありがとうｏｒファインプレー報告です。

これは、日頃お客様から沢山のありがとうをもらっているのに、それを発表する場がなかったのでこの場で行っています。

特に、営業は、お客様の所に行くのは1人です。そのお客様といろいろなやり取りをしている中で、沢山のお礼や賞賛をいただいているはずです。その「ありがとう」をメンバーで共有することで、「社会から必要とされている会社」「社会に認められている会社」であることを再認識できればと考えています。

当社には、営業以外の部署もありますが、それらの部署は日頃自分たちの仕事がお客様にどう評価されているのかを耳にすることが少ないです。ですから、朝礼でいろいろな人がお客様との信頼関係や頼られていること、また「電話してきたお客様が、電話に出た人を褒めてくださっていた」などの情報は、内勤者にとっても大変嬉しい刺激になっています。

また、ファインプレーとは、自分がちょっと頑張ったことや、自分が自信になったこと、褒められたことなどを発表します。

これも、仕事中1人で小さくガッツポーズをしているような内容をメン

バーで共有することで、その人の活躍や頑張っていることを知ることができるいい機会になります。

メンバーは、日々頑張っているのだから、少しは自慢させてあげたいと思っています。

その他連絡事項

その他連絡事項では、各委員会からの連絡や、提出期限のあるものの、最終案内、メールでも知らせているけれども、重要なので、再度確認の意味での報告などが行われます。

このときに、部署を超えて全社で執り行うイベントや、行事についての報告も行われます。

前日欠勤した人が急な欠勤でメンバーにカバーしてもらったことのお礼や、近日中に休みを取る人がメンバーに「迷惑を掛けますがよろしくお願いします」と報告をしたりもします。

新卒の採用状況の報告や、退職者が出る場合の報告もこの場を利用して行います。

つまり、直接業務に関係のないことを、この時間の報告事項としているの

です。

司会者のスピーチ

司会者は、自分の話したいことを自由に話せます。元々は、その人の価値観や人生観、今、仕事で直面している問題などについて話してもらって、その司会者のことを知るために始めたのですが、現在ではその意味合いは薄くなってきています。もっと幅広く「きょうは何の日」ということを毎回発表する人もいれば、当初の思惑どおりに「自分」について話してくれる人もいます。

ここで何を話すかについては、あまり幅を狭めすぎても話づらい人もいるので、注意が必要です。

リーダーや管理職の人がシッカリと趣旨を理解して、自分を語ってくれることで、メンバーが何となくやんわりでいいから話す内容の空気感を掴んでくれたらと思っています。

ワッショイコール！　スイッチオン！

ワッショイコールは、昔、何かのテレビ番組で、「ワッショイ！」とやっ

ていたのをメンバーが持ち込んでくれました。

「スイッチオン！」は、私が永遠のテーマとして掲げている「心のスイッチに火をつけろ！」という言葉から導入しています。

ワッショイコールは、両手を上に挙げることで、顔も上を向きます。顔を下に向けたままでは、ワッショイのポーズが取りにくいのがおわかりでしょうか。天高らかにワッショイ！　ワッショイ！　と叫ぶと、本当に清々しい気分になります。

「ワッショイ」の語源には諸説ありますが、「和」を「背負う」という意味があるそうです。お祭りのときには皆でお神輿を担ぎますが、その担ぎ手には、日頃の商売敵であったり、仲のよくない近所の人もいるでしょう。しかし、神輿を担ぐときは、皆で力を合わせて「和」を「背負う」という意味から、「わせおう」→「ワッショイ」となったようです。

会社で一緒に働く仲間は、個性もあり、多少の得意不得意があろうと、皆で経営理念に向かって力を合わせる場です。その朝礼に相応しい言葉だと思いませんか。

また、「スイッチオン！」とは、オフからオンへの切り替えであり、今から仕事をするぞ、というスイッチを入れる意味があります。こちらも大きな

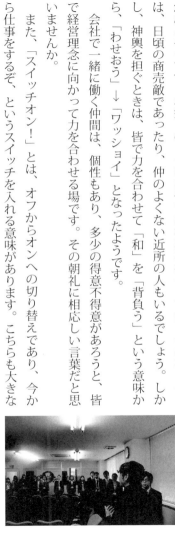

声で自分自身の心のスイッチを入れる儀式なのです。

ハイタッチ退場

当社は、元々会議室で朝礼を行っていました。ですから、朝礼後はオフィスフロアに戻ります。朝礼が終わり、会議室の退場の際に、全員が全員と「笑顔」で「ハイタッチ」をして、「よろしくお願いします！」とアイコンタクトを取ります。

これは、私が、滋賀県で唯一のプロバスケットボールチーム・滋賀レイクスターズの試合を見て、選手が試合に臨む入場の際に、ハイタッチをしているのを見て、非常に共感したことが導入のきっかけです。

選手同士がハイタッチをしながらアイコンタクトを取る入場シーンは、今から始まる試合で共に戦う仲間を信頼し、認め合うシーンのようにさえ見えました。仕事も同じです。朝礼が終わったら、仕事現場という試合会場に入るのです。つまり、朝礼会場からの退場は、仕事場への入場を意味していると思えたのです。

仕事場では、それぞれがそれぞれの持ち場の仕事をします。でも、仕事は、決して1人では完結しません。

営業が受注した仕事は、制作に依頼され原稿となり、それが印刷され、流通の部署を通して県内の設置拠点に配られます。月末には、その受注伝票を元に、経理が請求書を発送するわけですが、これはまさに受注というボールをメンバー全員で「お客様や地域の人々に幸せを」というゴールまで運んでいるバスケットボールと同じに思えてなりません。

私たちの元気発信朝礼は、決して社内の元気を促進するだけのものではなく、きょう1日にお会いするお客様や、地域の方々にも元気をお届けする源となっているのです。

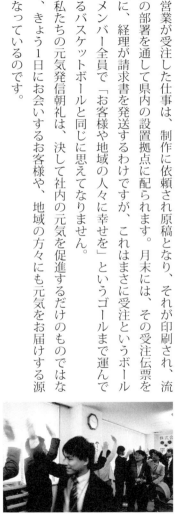

朝礼は経営理念の実践の場

朝礼見学にお越しになられた方によく聞かれることは、朝礼のプログラムです。私からは、「社長のやりたいようにやればいいんじゃないですか」とお答えしています。何故ならば、前述したように、朝礼のプログラムは、本来、トップやリーダーの揺るぎない決意のもとに始めてもらいたいと思っているからです。

プログラムには、正解はありません。トップやリーダーが理想としている会社、掲げている経営理念の実践の場であってほしいと思っています。

そして、反対する人、きちんとやってくれない人がいても、それは当然と考えて、粘り強く、諦めずに続けることが大切です。

このときに、「必ず、なぜ、この朝礼が必要なのかについてお話をして、この朝礼を続けることによって期待すること、そして、その期待どおりになったときの社員の方々の輝いている姿までを鮮明にイメージして、社員の方と共有してください」と申し上げます。

朝礼という、朝一番の大切な時間を使う仕事です。そんな大切な時間が、社員さんから見て無駄な時間になってはいけません。最高のパフォーマンスを発揮するためのスイッチであれば、毎日の朝礼を拒否する人はいなくなるはずです。

第6章

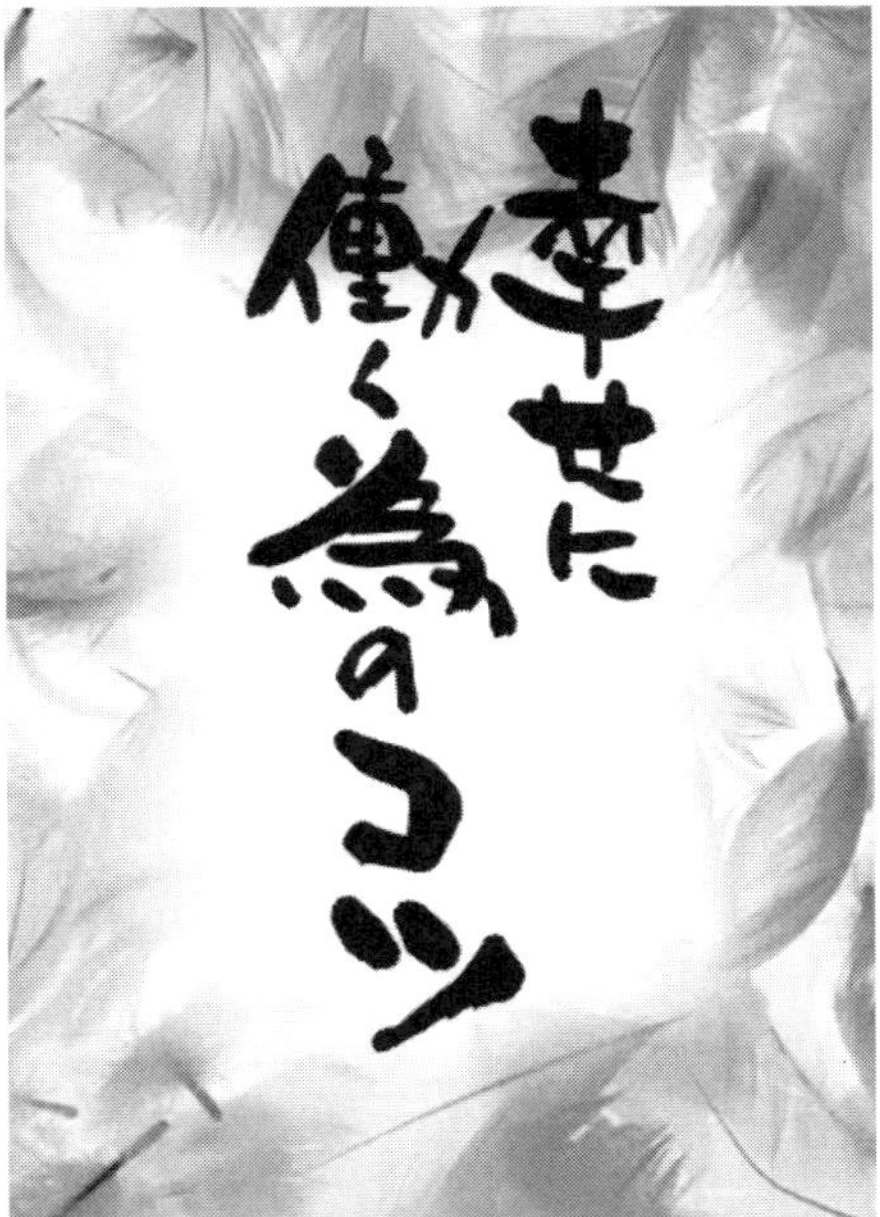

1　幸せを感じるチャンスは仕事には沢山ある

働くとは幸せに生きること

　私は、若いときには社長になるという夢を持っていました。そして社長になり、売上や利益を上げることが目標になりました。バブルが弾けたら、今度は会社を潰さないことを目標に頑張りました。そして、最後に気づいたのが、「自分は、幸せになる為に働いている」ということです。

　何の為に働いているのかについて深く考える機会があったことに感謝しています。会社を辞めたくて、逃げ出したくて…。でも、社長の立場では、それができませんでした。だから気づけました。もし、貴方が会社に勤めておられる方でしたら、「辞める」という選択肢もある中で、今の仕事を続けておられるのはなぜでしょうか。多分、改めて考えていないだけで、仕事をすることで幸せを感じておられるのではないでしょうか。

　不平不満ばかり言っている人がいたら、もう一度考えてみてください。きっと貴方が今の仕事を続けている理由があるはずです。「家族の為」という方もおられるでしょう。「生活の為」という方もいるかもしれません。でも、働かなくて生活保護を受けながらでも、家族を養えるし、生活ができるとしたら、貴方は働きませんか。きっと多くの方は働くと思います。

働くことで自分の価値を確認できている

貴方が、「休んだらうるさく怒られる」という不満を言うとしましょう。それって、かなり嬉しいことではないですか。だって、貴方がいないと困るから上司は怒るのです。ミスをして怒られてばかりいる人がいるとしましょう。なぜ怒られるのですか。ミスをしないと期待されているからではないですか。

お客様からのクレームで謝ることが仕事になっていて、辛いと思っている人はいませんか。それは、お客様の期待に応えていないからです。つまり、お客様は、貴方に期待してくれている証拠です。

私も、働く意義について長い間気づきませんでした。ないものを手に入れる為に働いていたように思います。

名誉やお金など、目に見えることばかりを追いかけていました。でも、そのときは、いつも不安で仕方ありませんでした。なぜなら、お金や名誉は相手が与えてくれることであり、自分１人では築けないからです。

今は、凄く幸せです。なぜなら、自分自身や働く仲間やお客様が、キラキラと輝いて笑顔になってくれることが幸せだと思うようになったからです。

これは、すべてを失っても、１人でもできます。自分が勝手にやっているので、誰の評価も期待していません。ただ、笑顔や輝く人の為に、私が勝手にやっていることですから…。これって幸せだと思いませんか。

働かされている？

多くの人は、仕事をすることを義務だと勘違いしていませんか。仕事とは、人に喜んでもらって、報酬も貰え、幸せを感じられる最高の場所です。この仕事を「義務」「仕方がないから」「生活の為」だけの価値で働いているとしたら、かなりもったいないことです。

今の世の中、食うに困ることはありません。仕事を選ばなければ、飯を食うことには困りません。ならば、食う為に働くのではない、人間として自分なりのシッカリとした価値観を持ち、「働かされている」から「働かせてもらっている」という気持ちになれば、人生の多くの時間が幸せになれるのではないでしょうか。

何の為に働いているのか、何で今の会社に勤めているのか、何で転職していないのか、逆に何で転職を考えているのか―そんなことを真剣に考えてみてください。

もしかして、貴方は、楽をして沢山の報酬をもらうことがいい仕事だと思っていませんか。同じ仕事をするのであれば報酬は高いほうが嬉しいなんて、誰もが思っていることです。

困難だから感動がある

私が仕事をする上で一番大事に思っていることは、困難に直面して、それを乗り越えることです。なぜなら、困難は、誰にでも乗り越えられるわけではありません。貴方が困難に直面しているとしたら、それは誰もが困難だと感じていることでしょう。そして、多くの人は、諦めます。「そんな大変なこと、どうせ無理……」と。

貴方も周りが諦めていることだから、自分にも無理と諦めていませんか。その誰もが無理と言って乗り越えられなかったことこそが、貴方の存在価値を示せるチャンスではないですか。だって、人並みだったら、人並みの人生。人に言われた最低限のことをやって、愚痴や不満ばかり言っている人が多いとしたら、あなたはそちらのチームに入ればいいのです。

でも、本書を手にしていただいている皆さんは、課題意識を持って、今を脱出したいのではないでしょうか。バリのアニキをモデルにした映画、「神様はバリにいる（クロイワ・ショウ原作）」の中で、アニキは、高い崖から川に飛び込み、崖の上で躊躇する主人公の輝子に「飛び込んで来い！その場所に居たら何にも変わらへんねや！」と言います。

困難だからこそ感動がある。人がやらないことができて初めて成長がある。初めてやることだから怖いけど、それができたら、怖くなくなるのです。

成長変化することは新しい自分に出会うこと

仕事とは、自分が苦手なことや嫌なこともチャレンジする場所です。もちろん、楽しいことや好きなことだけでできる仕事もあると思いますが、普通はそうでないことも沢山あります。趣味や家庭、友達との間では、苦手なことや嫌なことは避けて通れますが、それが通用しないのが仕事です。ですから、「仕」える「事」と書くのです。

でもこれは凄いチャンスです。自分の知らなかった世界を知れたり、できなかった自分ができる自分に出会うチャンスです。

当社の新入社員の多くの人は、自分を変えたくて入ってきます。「内気な自分を変えたかった！」「あんな輝く先輩のようになりたいと思った！」……。つまり、今という場所から一歩踏み出すチャンスが仕事には沢山あります。今で１００％すべてを満足している人はいないと思います。仕事の中には、なりたい自分に変われるチャンスが一杯です。

「強い自分になりたい！」と思っている人は、自分の思いどおりにならないところで頑張って成果が出せたとき、強い自分に生まれ変わっているでしょう。富士山に登って山頂からご来光を見て感動できるのは、「無理だ！」と思っていても、チャレンジして登頂した本人だけです。仕事にもこんな感動が沢山あります。「富士山に登るのは無理…」と思っていた自分が、登頂して山頂からご来光を拝んでいる自分に出会えるのです。「こんな仕事無理…」と思っていた自分が、その仕事を成し遂げた自分に出会えるのです。感動しませんか。

「ありがとう」は最高の幸せの言葉

貴方は、「ありがとう」と言うとき、幸せな気持ちになりませんか。「ありがとう」と言われたときも、幸せな気持ちになりませんか。「ありがとう」は、人の気持ちを最高に幸せにしてくれます。

家庭で「ありがとう」を言われる回数、言った回数と、仕事で「ありがとう」を言った回数、言われた回数を比べてみてください。はるかに仕事で「ありがとう」を言ったり言われたりする回数のほうが多いと思います。「辛いことを乗り越えたとき」「人がやらないことをやったとき」「人が気づかないことに気づいたとき」「人よりもほんの少しでも役に立てたとき」－いろんな「ありがとう」を言って言われて、さらにお給料までもらえる！　こんな素敵な場所って他にはないのではないでしょうか。

お金があるから幸せか

私は、「幸せに生きる為に生きている」と思っています。そして、「幸せになる為に働いている」と思っています。でも、幸せについて考えたとき、周りが幸せになることが、自分の幸せに繋がっているとと知りました。

お金を持っていることは幸せですか。お金は、幸せに生きる為の道具に過ぎません。「お金が欲しい！」という人の多くは、何か欲しいものを手に入れる、つまり欲を満たす為です。それはそれで、あったに越したことがありません。

また、「もっと収入が欲しいのは、老後の為に貯金をする為」という人もいます。これは、老後の不安を解消する為です。

欲を満たすということは、満ちていない欲を満たす、つまりマイナスをなくすこと。不安をなくすというのは、不安というマイナスをなくすことです。お金は、マイナスをなくす為だけに使うものでしょうか。

お金の使い道で幸せを手に入れる

バリのアニキは、若いときから人にお金を使いまくったといいます。借金をしてまで人におごりまくったといいます。アニキは、幼少のときから寂しい想いをして育ちました。だからアニキは、人が沢山集まることが大好きです。周りの人の楽しそうな顔を見ているのが幸せだったのです。つまり、アニキにとっては、人が喜ぶ為にお金を使うことが幸せの1つだったのだと思います。

今、「金儲けよりも人儲け！」といわれます。結局、こういうアニキだからこそ、現在、バリ島で時価総額4、000億円の大富豪になれたのです。「人の儲かることを考えるのが自分が儲かる近道」といいます。

たらいの法則というのがあります。たらいの水を自分に手繰り寄せたら水は向こうに行ってしまいます。水を向こうにやると、水が手元に流れてきます。つまり、人の幸せを応援することこそが、自分の幸せに繋がるのです。

お金は、幸せに生きる為の道具です。その道具を自分の欲や不満を解消する為に使うだけではなく、人の為に使ってみてはいかがでしょうか。貴方も、大切な家族や恋人の為には思い切ったお金の使い方をしていませんか。背伸びをして誕生日に指輪を買ってあげたり、家族の為に家を建てたり…。

まずは、一番近くにいる人から大切にするのは当然です。でも、幸せの輪は、もっともっと広げることができます。ぜひ、後輩や同僚と食事に行って、気前よくおごってあげてください。きっと幸せになれますよ！

仕事こそ幸せの宝庫

仕事って、多くの人を応援することです。多くの人に喜んでもらうことです。つまり、仕事は、幸せになれる要素が詰まりまくっているということにお気づきでしょうか。仕事は、義務ではなく、幸せに生きる為の権利です。ぜひ、その権利を使って、思いっきり人に幸せになってもらって、自分も幸せになってもらいたいと思います。

人に頼られ、当てにされ、褒められ、信頼され、そしてありがとうを沢山もらえるのが仕事。

成長変化して、できなかったことができるようになったり、知らなかったことが沢山知れるのが仕事。

困難が沢山あって、それを乗り越える度に感動に心を奮わせることができるのも仕事。

今、仕事に行き詰っている人は、何に行き詰っているのか考えてみてください。ただ、目の前のことが辛いとか、やりたくないとか、苦手だから行き詰っていませんか。その先にある素晴らしい世界に、一歩踏み出すのはあなた自身です。

貴方の一歩踏み出す勇気が、仕事をすることで幸せを感じられるのです。貴方は、いつもその一歩手前で立ち止まっていませんか。「どうせ無理…」―そんな風に考えていませんか。誰が貴方に無理と言ったのでしょうか。無理と決めつけているのは、あなた自身です。もっと自分を信じて、一歩踏み出してみてください。

2　自分が変わると世界が変わる

どんな自分になりたいのか

人はよく「今のままではダメだと思っています！」「変わりたいんです！」と言います。では、どんな自分に変わりたいのでしょうか。理想の自分がシッカリとイメージできていますか。なりたい自分がわからずに、変わりたいと思っていても、何をどうしていいのかわからないはずです。だから、人は、なかなか変われないのです。

漠然と「変わりたい」と言っている人は、まだ変わりたくない人だと思います。「今の自分でまぁいいか……」と思っている人です。そう考えているうちは絶対に変われません。だって変わりたい自分像がないのですから。なりたい自分のイメージをシッカリとしてください。

そのイメージは、実在する人でも、歴史上の人でも、海外の人でも、異業種の人でも何でも構いません。また、具体的な人がイメージできない人は、絵や写真や言葉でも構いません。要するに、その中にいる自分をイメージしてみてください。

このことは、大変重要です。仕事に前向きになれない人で、前向きな人間になりたい人は、そういう人を見つければいいのです。漫画の主人公でもいいのかもしれません。タレントでも、スポーツ選手でも。人は、なりたい自分にしかなれないのですから。

一歩踏み出す

具体的になりたい自分像がハッキリとしたら、後はそれに向かっていくのみです。だって、上司や他人に「なれ！」と言われたのではなく、自分がなりたいのだから、簡単なことのはずです。

しかし、今の自分から一歩踏み出すのは難しいことです。実は、簡単なことなのですが、人間の身体はよくできています。新しい経験を怖いと思うように脳が働くようです。新しいことは、経験がないから不安です。不安なことは、危険もあるかもしれないからやらないように、脳が拒んでいるのです。

これは本能です。一歩を踏み出すことを拒んでいるのは、自分の本能が強いからだと意識してみてください。そして、脳の拒否より強い思いを持つことです。「自分は絶対に○○になるんだ！」と決めてください。なればいいな…ではなれません。本能が、今のままでいるように働きますから。

本当に一歩を踏み出したいと思うなら、自分の脳をコントロールしてください。一歩踏み出した新しい自分をイメージするのです。先にイメージしていたキラキラと輝いている未来の自分を。そうすることで、脳の拒否よりワクワクした未来へのスイッチが入ります。まずは、一歩が大切です。

常に意識する

私は、大嶋啓介さんやバリのアニキのような人間になりたいと思っています。ですから、普段から意識をしています。「こんなとき、大嶋さんだったらどんな表情をするだろう？　何て言うだろう？」「バリのアニキだったらどう答えるだろう？」―そんな風に思っています。

現に、朝礼での私の立ち姿は、大嶋さんの姿を意識しています。過去に初めて見た、てっぺんの朝礼で、大嶋さんがニコニコと笑顔でメンバーの話を聞いていた、その姿こそ、私のなりたい姿です。メンバーから悩みや仕事の相談があったとき、私は、バリ島のアニキの家でアニキが豪快に答えている姿をイメージします。「そんなもん、気にせんでええ！　お前のことは俺が全力投球で応援するがな！　ガハハハハァ！」―そんな具合です。

常に意識することで、それは習慣になり、自分のものになります。意識せずに理想の自分の姿になれたら、それはホンマもんです。

自分にキャッチコピーをつける

もし、まだなりたい自分のイメージが明確にならない人がいたら、自分にキャッチフレーズをつけるのも効果的です。「いつも爽やか○○」や、「元気な男（女）○○」「やりぬく○○」とか、考えると楽しくなってきます。なりたい自分にワクワクしてくるはずです。

ある研修で、自分にミドルネームをつけるというワークがありました。このとき、私は、「永田・オッケー・咲雄」とミドルネームを「オッケー」とつけました。自分が人を信頼できず、いつも疑っている面があったので、誰が何をしてもオッケーと受け入れる自分でありたかったからです。この研修を受けてから久しくなりますが、まだ覚えているということは、かなり効果的だということです。

また、大嶋啓介さんの会社てっぺんでは、各自がＮＯ１宣言というのを掲げています。「笑顔ＮＯ１」や「感動を創る人ＮＯ１」「優しさＮＯ１」などです。確か、大嶋啓介さんは、「人の夢を応援する男ＮＯ１」だったと思います。

私は、「熱く！　熱く！　元気発信ＮＯ１」という宣言をして、名刺にも印刷しています。熱く、元気を発信して、周りを元気にできる人間になりたいからです。

ＮＯ１宣言は、できるだけ具体的なほうがいいと思います。「仕事力ＮＯ１」とかよりも、「常にベストを考えるＮＯ１」みたいに具体的なほうが、普段の仕事の際に意識しやすいと思います。

どんどん周りに発信する

前述した、なりたい自分やキャッチコピー、ＮＯ１宣言などは、なるべく沢山の人にしゃべってください。もし、社内で許されるなら、皆が見えるところに貼り出してください。名刺にも書いてください。いつも自分自身が意識して目にするように。それと同時に、周りの人にも宣言することで、よりその意思が固まってくるはずです。人に言うことは、自分が一番聞いています。仮に、貴方が10人の人に、自分の決意を話したとしましょう。10人の人は、それぞれ1回しかそれを聞いていませんが、自分は10回聞いています。ドンドン自分の脳に、「自分はそうなるんだ！」とインプットされます。それが重要なのです。

有言実行より無言実行がカッコイイ！　という人がいますが、私は、それは無言実行でもなんでもなくて、自分ができたことだけを言っている人も多いと思っています。普通の人は弱いです。私もそうです。ですから、人に言って、自分にインプットして、諦めない決意を固めていくのです。

当社では、名刺に印刷し、社内掲示の組織図にもＮＯ１宣言が書かれています。朝礼でも週に1度ＮＯ1宣言を皆の前で発表します。

諦めないで、追い続ける覚悟が必要です。なりたい自分や夢は、実現したことが自己実現ではありません。諦めずに、輝いて、ワクワクしながら、泥まみれになって前に進んでいるときこそが、自己実現なのです。

本気の人にしか、応援者は現れません。なりたい自分に向かって本気で取り組んでいる貴方には、沢山の応援者が現れることは間違いありません。これが本当の仲間なのです。

悩まない

成長が止まっている人や、変化を拒んでいる人、現状で満足していたり、不満を持ちながらも何もしない人は、自らは「悩んでいるんです」とよく言います。私は、悩んでいる状況は、止まっている状態だと思っています。悩んでいるときというのは、いくつかの選択肢がある中、どの道を選んでも嫌なことや失うものがあるときです。または、自信がないからその道を選べないときを、悩んでいるというのだと思っています。

人は、贅沢な生き物ですから、あれもこれも手に入れたいし、嫌なことや困難は避けたいと思っています。ですから、「もっといい方法はないものだろうか」と模索します。しかし、世の中は、そんなに甘くありません。どの道を選んでも何かを失うし、何か嫌なこともあるものです。悩んでいるとは、「自分が何か決めなければならないことはわかっています」という意思表示です。まずは、この意思表示を出すことで時間は稼げます。ようやく尻に火がついたら、考えるようになります。そして、失うことや嫌なこともやると決めるのです。

私は､悩むとは時間稼ぎでしかないと思っています。悩んでいると上司も周りも労ってくれます。それを居場所にしてしまうと、永遠と悩んでいるという居場所をつくってしまうことになります。

考える

では、悩んでいる状況から、どうやって脱出すればいいのでしょうか。それは、「考える」ということです。いずれ考えて結論を出さなければならないなら、すぐに考えればいいのです。

「悩む」と「考える」をたとえるのにサンタクロースのプレゼントの袋を想像してみてください。

そのサンタクロースの袋の中には、「課題」や「問題」という沢山のプレゼントが詰まっています。重い袋を背負って歩き続けるのが悩んで生きていくということです。

一方、「考える」ということは、その袋の中味を「自分が目指す自分」というゴールに向かう道の上に、1度巻き散らかしている感じです。そして、1つずつ拾いながら、解決したり、今解決できないものは袋に入れたり、半年先に考えればいいものは先に置けばいいのです。

そうするとどうでしょうか。袋の中身は、半分以下になっていませんか。今まで重い袋を背負ってなかなか前に進めなかったのが、嘘のように軽くなって前に進みやすくなります。人生は、その連続だと思います。悩まないにしても気になっていることは、解決すればいいし、気になっていてもどうしようもないことは、悩まないことです。

明日の天気がどうか悩んでも、何も解決しません。悩むくらいなら、雨や雪の用意をすればいいだけのことです。私は、「悩む」と「考える」のメカニズムがわかってから、悩まなくなりました。

やることを決める！　決めたことをやる！

ここまできたら、幸せに生きる考え方を習得した自分に変われるのは後少しです。考えたら、何をしなければならないかが出てきます。雨が降るかどうかを悩むのを止めたら、雨の準備をするようになるのは、そういうことです。

後は、決めた方向に進むわけですが、何をやるかを具体的に決めます。私は、「いい会社を創る」

と決めてから、大嶋啓介さんやてっぺんをモデルにしました。そして、大嶋社長の最も素敵なところが「どんな状況でも笑顔でいる」ということだったので、私も「笑顔でいる」と決めました。

すぐにできるわけではないし、たまに忘れてしまうこともあります。メンバーから、顔が怖いと言われたこともあります（もっと言い方がありそうですが…（笑））。でも、それは、私が笑顔でいると公言しながらできていないことなので、そう言ってくれる人は、私が、なりたい自分になる為の応援者だということです。

人に言われて気づくこともありますから公言は大事です。やることを決める！　決めたことをやる！　そして諦めないで、やり続ける！　これが本気というものだと思っています。そうすると応援者も現れるし、できたことで自信がつきます。

よくあるのが、「やろうと思うと決める」ことです。これは、自分に「思っていた」という言い訳をつくっているわけで、決めたことにはなりません。決めたら本当にやるのです。絶対にやるのです。できなくても諦めずにやるのです。　それが決めるということだと私は思います。

決めたことができない

そうは言っても、決めたことができない人が世の中に多いことに驚きます。私は、前述したとおり、能力が低い分、努力でカバーするしかないと考えていました。ですから、やると決めたことは必ずやり切る努力をします。努力って誰にでもできることなのですが、誰もができることではないと最近知りました。

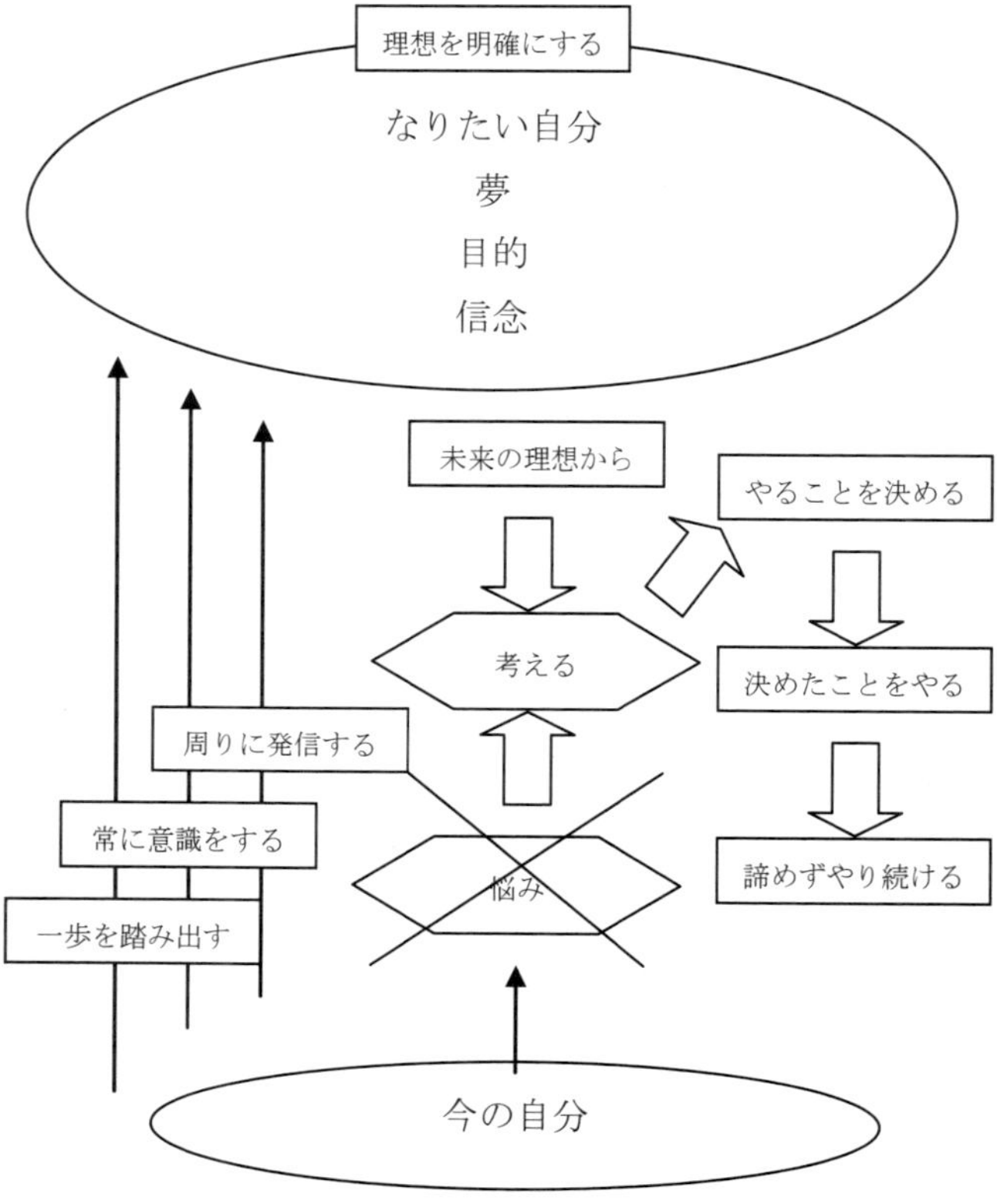
理想を明確にする
なりたい自分
夢
目的
信念
未来の理想から
やることを決める
考える
決めたことをやる
周りに発信する
常に意識をする
悩み
諦めずやり続ける
一歩を踏み出す
今の自分

私は、メンバーが自分で決めたことをやらないことにイライラしていた時期があったのですが、そういうものです。決意が必要なのです。決めたことができない人は、もう1度振り返ってみてください。

①　まず、なりたい自分を明確にイメージしていますか
②　本気でそんな人になりたいと思っていますか
③　悩んだときに本気で考えるに切り替えましたか
④　その考えた答えはなりたい自分の答えでしたか
⑤　考えた結果、方向が出ましたか。その方向はなりたい自分に近づきますか
⑥　具体的にやることを決めましたか。本気でやると決めましたか

これを振り返ると、決めたことができない人は、どこかの段階で本気が足りていないことに気づくはずです。そこから再度自分のやることを決めていってください。必ずできるはずです！　だって、それをやることが、なりたい自分になれて幸せになれることなのですから。

できない人が多いからチャンス！

「決めたことをやる！」というと簡単そうですが、なかなかできないことです。ですから、多くの人は、そこで止まってしまいます。

これはチャンスです！　本来、簡単なことなのにできない人が多いから、この簡単なことができるだけで、未来は一気に開けてきます。

社内外で「あいつは決めたことはキッチリとやってくれる！」という評価に繋がります。これは、信頼ということです。信頼を得られると、益々なりたい自分に近づきやすくなります。なぜなら、結果を出してくれると信じて、やり方も含めて、「信頼しているから任せる」ということになりませんか。任されたら、自分のやりたいようにやれるんです。人の指示を受けなくなります。一気になりたい自分に向かって加速できるはずです。

この簡単な法則に気づいていない人が実に多いことに驚きます。

3　自分で考える

依存→自立→自律

「自分が変わると世界が変わる」というのは、こういうことなのです。世界が変わるのではなく、世界を見る目が変わるのです。起こった事柄や、問題やピンチまでが、すべてなりたい自分に向けてのプロローグ。つまり、すべてがなりたい自分に向かっている過程です。問題や課題をなりたい自分の目線から解決できたら、1歩なりたい自分に近づいているということです。

こうなるとワクワクが止まりません。何が起こっても、「チャーンス！」となります。これこそが、自己実現の姿であり、ワクワクキラキラと輝いている人の姿です。

私は、こういう姿を自律型人間と呼んでいます。世間では、自立型ともいいますが、私は敢えて自律型と呼ぶようにしています。なぜなら、自立型と自律型を成長のステップとして捉えているからです。これは、あくまでも私の捉え方であり、正解はないと思います。

依存型

人は、知らないことや初めてのことは他人に依存します。一番わかりやすいのは、新入社員は人に聞きます。仕事がわからないと、人に聞きまくります。そうしないと、仕事を覚えられないからです。だから仕方ありません。そして、何か新しいことを頼むと、「聞いていません」というのが依存型人材の特徴です。

確かに、聞いていないことは、わからなくて当然です。今の人は、自分で調べるということをあまりしません。ですから、他人に依存してしまいます。例を出してみます。Aという先輩社員から、「右」という指示が出たとします。その仕事を目にしたBという上司が、「それは左だ」と言いました。さて、貴方ならどういいますか。

依存型の社員は、Aさんからそう言われたので右にしましたと言います。つまり、仕事の結果ではなく、その作業を言われたことを言われたとおりにやることしか考えていないからです。依存型の人は、仕事の意味や完成を知りません。作業をするだけです。それも言われた作業です。言われないと何もしません。

笑い話のような本当にあった話です。来客が来られるので、「机を拭いといて」とお願いしました。

ところが、来客が来られたとき、机の上には書類や前の来客の湯飲みが置きっ放しになっていました。「おい、机を片づけておくように言っただろ」。すると返ってきた言葉は、「机を拭いておくように言われただけです。ちゃんと拭きましたが、何か…??」てな具合です。

恐るべし依存型社員!

自立型

依存型の新入社員時代を過ぎると、今度は自立型になっていきます。だんだんと1人で仕事ができるようになります「机を拭いておいて」とお願いしたら、ちゃんと机の上を片づけてくれるようになります。自立型の私の定義は、「人に言われたことの意味を理解し、完成まで誰の力も借りずにできる人」です。世間でいう一人前の人です。実は、この状態を仕事人としての完成と勘違いして、成長が止まっている人が世間では多いと思います。外見的には立派なビジネスマンです。言うこともシッカリしてきますし、お客さんの要望にも満足に応えます。社内でも、言われた仕事をキッチリとこなしてくれます。しかし、この状態が一番危険な状態なのです。

自立型とは、他人の軸で動いています。上司に言われたこと、お客さんに言われたことに対して100点を取れるようになります。100点なのになぜ危険なのか。それは、他人軸で動くから、他人に対して不平不満が出ます。「あの上司、あんな言い方しなくていいのに」とか、「俺はちゃんとやっているのに、あいつはやっていない」とか、最後には「あいつと同じ給料でやってられるか」

と会社を退職してしまいます。または、言われた仕事をすることで満足して、仕事がつまらなくなったり、評価されないとぼやいたりします。危険ゾーンです。

多くの会社で、このゾーンに入って抜け出せない人は、環境や会社や同僚やお客さんの責任にして退職をします。これを私は、「できちゃった病」と呼んでいます。つまり、自分はできていると思って成長が止まり、日々の仕事に変化がなくなるので、暇になる。ですから、周りをキョロキョロ見て、人と比べて不満を言い出してしまうのです。

自律型

次に、世界を見る目を変えてしまう自律型についてお話をします。私の定義する自律型とは「自ら目的・目標を持ち、その達成に向けて計画を立て行動をし、結果を出して、結果に対して責任を取れる人」をいいます。これは、昔、自立と自律の違いを調べたときに、辞書に書いてあった文章です。

つまり、自立型は「他人軸で指揮命令されたことに対して、満足（１００点）を取ることを目標にする」のに対して、自律型は「自分の考えた目的に向かってすべてを考えられる人であり、１００点を通過点に考えている」ということだと思っています。

自らの目的や目標を持てない人は、会社や上司が与えた目標を達成するのに必死です。ですから、営業の仕事でいえば、よくて達成率１００％、普通は１００点を目指していたが、達成しない、という結果になってしまいます。

一方、自律型は、例えば、「このエリアのより多くのお客様にウチのサービスを使って喜んでもらいたい」という目的を持ちますから、達成はありません。逆にいうと、軽々と会社の決めた目標の１００％を達成しても、まだまだ頑張れるのです。

依存↓自立↓自律―の考え方がわかると、自分の立ち位置が見えてきませんか。さて、あなたはどこらあたりに位置するのでしょうか。

私事↓仕事↓志事

まず、貴方が今の仕事に就くようになったのはなぜでしょうか。会社からヘッドハンティングで声を掛けられた方もおられるかもしれませんが、多くの方は、職安の求人票や求人広告、または学校に出されている求人票を見て応募されたのではないですか。

貴方が応募するまでは、貴方の事情です。貴方が、「この仕事面白そうだな…」「近所だから…」「興味があったので…」と思ったからです。会社（社長）は、貴方のことは全く知りません。貴方が勝手に応募してくれたのです。そこで初めて面接になり、お互いが知り合い、お互いの求めるものが一致したから、採用に至るのです。つまり、最初は貴方の私事なわけです。

そして、次に会社に入ると、いろいろなことを覚えて、一人前になっていきます。私は、この仕事ができるようになることを半人前と思っています。

私の仕事の定義は、「人に言われたことを誰の手も借りずにできること」だと思っています。「会社から与えられた目標をクリアする」「上司に言われたことができる」「お客様の要望を満たすことができる」などの表現です。

ここからさらに成長すると、志事になります。志事とは、読んで字のごとくです。この状態になると、かなりヤバイです。働く上でのすべての価値観や優先順位、気持ちまでが異次元にいっちゃいます。私は、皆さんをこの異次元にお連れしたくて仕方ありません。

私事

さて、私事とは、私事です。今の職場を選んだのは、あなた自身です。もし、今の環境に不平や不満ばかり言っている人がいたら、それは誰の責任ですか。あなた自身のはずです。よく、入社してから、「こんなはずじゃなかった」「聞いていない」という人がいます。では、どんなはずだったのでしょうか。

勝手に貴方が思い描いていただけで、面接のときに嘘を言われましたか？
・「こんなにしんどいと思わなかった」は、「勝手に楽だと思っていた」ということです。
・「上司が不満」？　上司は、貴方より先にその職場にいたはずです。
・「こんな安い給料でやってられない」？　給料は、最初に提示されていませんでしたか。
「聞いていない！」は、まさに貴方が聞いていないだけです。すべてが、自分の責任です。

だって、会社は、貴方を街でヘッドハンティングして、嘘を言って無理やり入社させたわけではありません。貴方が聞いたことについて、答えられる範囲ですべて答えているはずです。貴方が、「この職場で働きたい」と思ったからです。すべては、自分自身の決断の結果なのですから。

仕事

入社したのは、まずは自分の都合。そして、何もわからないから、人に聞いて依存して、徐々に仕事を覚えていきます。上司の命令、会社の指示、お客様の要望、締め切り厳守、目標達成。

仕事とは、「『仕』える『事』」と書きます。だから、会社や上司に仕えるのです。お客様に仕えるのです。時間に仕えるのです。つまり、すべてが自分以外の基準を満たすことが最終到達点です。人に言われたことをやる、時間内にやる、お客様の満足（合格点）を貰う為にやる—自分以外のものに支配されているのがこの仕事なのです。

もちろん、これが会社が求める働く仲間の姿であれば、これでいいでしょう。しかし、この状態は非常に危険です。できないうちはできるように頑張るのですが、できるようになったら、それ以上がありません。つまり、１００点を目指すと１００点が取れた時点で成長が一気に止まります。だって、それ以上求められていないんだから仕方ありません。自立と同じ状況です。

ここで成長が止まると、今度は暇になります。ですから、周りをキョロキョロと見回す余裕ができます。そうすると、自分に関係ないことまで目が行ってしまいます。これが、愚痴や不満の原因です。「私はやっているのに、○○さんはできていない」「私はできているのに、できていない人と給料が同じなんておかしい」「あの上司の言い方が気に食わない」「会社が認めてくれない」—言い出せばきりがない不平不満のオンパレードです。私は、これを「できちゃった病」と呼びます。

仕事内容にもよるでしょうが、多くの仕事では、だいたい半年から3年で、この状況になります。この状況にならない人は皆無ではないかと思うくらいに、必ずやってきます。そして、この状態だと、仕事の成果は、「70点から１００点」になって停滞します。

なぜなら、１００点を目指す人に１００点以上が取れるわけはなく、そこそこ仕事のスキルを身につけているので、70点くらいは取れるからです。

会社で退職者が一番多いのがこの時期だといわれています。そして、その人たちは、最もらしい理由は言っていても、よく聞いてみると、必ず会社や上司、環境に不平不満を持っています。なぜなら、すべてが他人軸の中にあり、他人を評価してしまうからです。

このエリアから上に行くには、かなり困難なことも乗り越えなければなりません。前述したように、人は新しいことや困難なことを避けようと脳が働きます。よほど意識をしないと、このエリアから脱出できないことを覚悟してください。

このエリアで留まって、一生愚痴と不満を言い続けるのか、晴れ渡った大空を眺めながらの人生を送るのかは貴方次第です。

志事

「仕事」から脱出するには、高い志が必要です。それが前章でも書いた「なりたい自分」や「「信念」です。

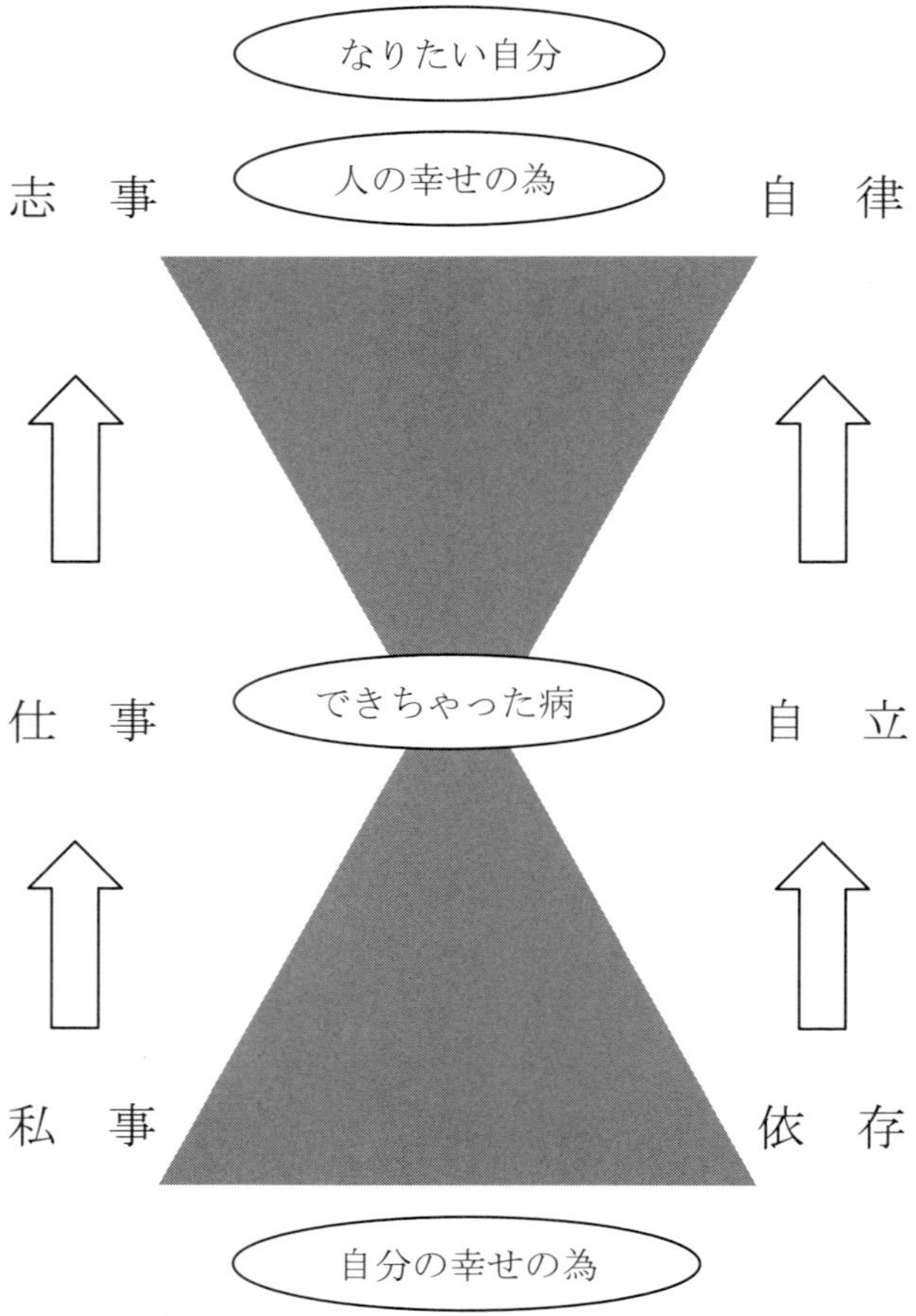
なりたい自分
人の幸せの為
志 事
自 律
できちゃった病
仕 事
自 立
私 事
依 存
自分の幸せの為

それも、自分自身のことではなく、「他人の幸せ」に繋がることであれば、なお一層志を強く持てます。この志ができたら、人のことが気にならなくなります。すべての判断基準が、志から降りてくるので迷わなくなるのです。

会社や上司の指示は、志に向けたステップになります。自分が向かいたい方向に行くために、目標や指示があると思えると、苦じゃなくなります。すべてがワクワクします。これをイッチャッタ状態ともいいます。ここまで来たら、迷いがないので、悩んだり、挫けたり、立ち止まったりしなくなります。

志とは、ゴールがないので、１００点を目指していたときとすべての考えや行動が変わります。なぜですから、会社が出した目標に対して２００％達成なども、平気でできるようになります。なぜならば、志とは、思い続けるゴールなき夢ですから、その夢に近づくワクワク感が自分の限界をドンドン打ち破っていくし、目標なんて気にしなくなるからです。

また、志は、「〇〇になる！」ではなく、「〇〇にする！」というように、他人や社会に向けたメッセージがいいでしょう。世界平和を志してしまったら、もう大変です！　だって、世界平和は、世界の不幸な人を救う為、諦めるわけにいきません。

実は、人は、自分のことはスグに諦めてしまいます。でも、人のことになると、俄然諦めないで頑張れます。自分の為だったら、自分が諦めて辛い思いをすればいいだけですが、社会の為や世界の為になると、社会の人や世界の人に辛い思いをさせたり、幸せになってもらえないんだから、責任重大です。

大きな夢や志は、後でもいいので、まずは「なりたい自分」を志してみてください。

4　1人では幸せになれない

他の喜びはわが喜び

・あなたにとって幸せとは？
・あなたにとって幸せとは、どんな状況ですか？
・あなたにとってなりたい自分って、どんな自分ですか？
・あなたの大切な人が喜んでいると嬉しくないですか？
・あなたの周りの人が笑顔になったら、幸せを感じませんか？
・周りの人から「貴方に会えてよかった！　幸せ！」と言われたらどうでしょう？

実は、皆さんが考えている幸せには、必ずその幸せを共有している誰かがいるのです。砂漠や無人島で1人ぼっちで幸せを感じることがあるでしょうか。大金持ちになっても、無人島では何も買えません。生活費があったとしても、たった1人で仕事もせずに毎日を過ごして幸せでしょうか。人は、1人では幸せを感じません。誰かが一緒に幸せになっている姿こそが、幸せの姿なのです。だから、人の幸せを考える必要があるのです。バリのアニキは、いつも言っています。「自分の外枠になればなるほど、諦められない！

より多くの人々の為に！

外枠になればなるほど、沢山の人に応援してもらえる！

より多くの人々から　！

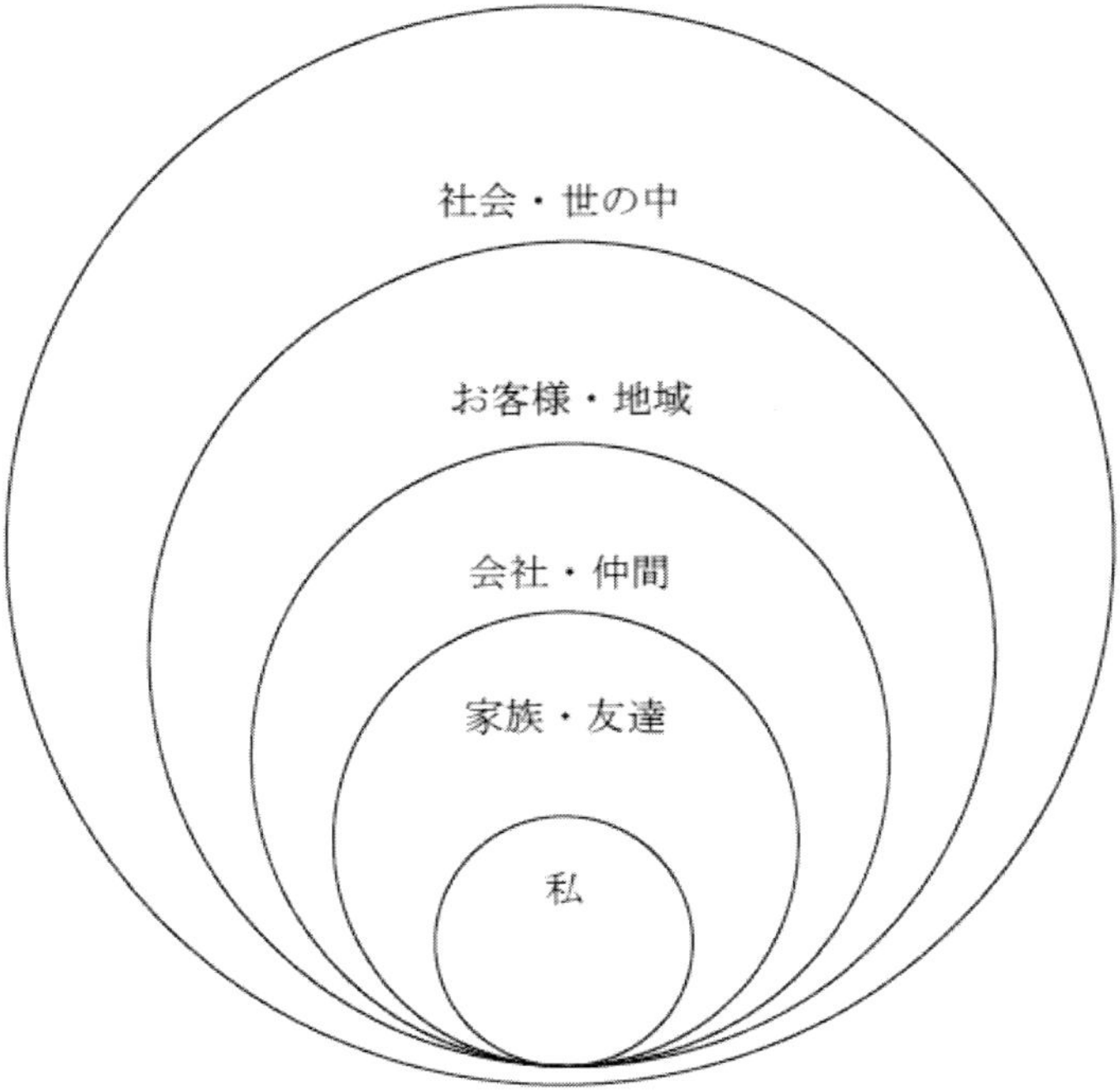

ことを考える前に、人のことを考えたれ」と。幸せな人々に囲まれ、もしその人たちが貴方のお陰で幸せになれたのだとしたら、放っておくでしょうか。

お互いがお互いを応援する

仮に、この場に10人がいたとします。10人がそれぞれ自分の夢だけを考えると、その夢には自分の力分しか近づけません。でも、その10人が周りの9人の夢を応援したらどうなるでしょう。1人ではできなかったことや、知らなかったことも、9人が応援してくれたら、できることもあるでしょう。つまり、幸せとは、それぞれの夢や目的、なりたい自分になることを応援し合って初めて実現するのです。

自分のことだと諦めてしまうけど、他人事だと諦められない。ですから、人を応援して、応援される人は、大きな夢を実現していくのです。その大前提は、〝本気〟です。本気の人しか、応援者は現れません。人のことを本気で応援できるあなたには、沢山の本気の応援者が現れます。

本気の人は、強い思いを持っています。本気の人は、諦めません。本気の人は、できるまで続けます。本気の人は、人に感謝の気持ちを持っています。さあ、貴方も、周りの人を応援してみましょう。きっと応援してもらえます。

困った人を助けるだけ

自分が困っているときに助けてもらえると嬉しいと思います。ですから、困った人を助ければいいだけなのです。難しいことではなく、人が困ったことを助けたり、人が喜ぶことに気づいたら即行動したり、そんな小さな積み重ねが、お互いに応援できる関係になるのです。

私は、メンバーに沢山助けてもらっています。でも、以前は、メンバーを助けていると思っていました。この「してやっている」という気持ちは、相手に伝わります。ですから、「貴方にはして欲しくない」となってしまうのです。

何をするかよりも、どんな気持ちですするかのほうが大事です。それは、相手の気持ちを思っているのか、見返りを求めているのかの違いにも当てはまります。人は、心のどこかでほんの少しの見返りを期待してしまいます。「この人ってどうせお礼も言わない人だから…」と思ったことはありませんか。

バリのアニキの凄いところは、人に何かをするときに、絶対に見返りを求めないところです。そんな人には、沢山の人が集まります。もちろん、ごく一部の人は、アニキに近づいて利益を得ようとだけ考えている人かもしれません。でも、そんなに悪い人はいません。多くの人は、アニキが好きだからです。人の面倒見がいい人って素敵じゃないですか。これぞ幸せの達人なのです。

仕事でも同じこと

困った人を助けることは、仕事をしていく上では沢山のチャンスがあります。自分や家族や友達が一番大事だという人もいるし、それも間違いではありません。でも、家族や友達の数と、仕事の仲間やお客様、どちらが多いでしょうか。圧倒的に仕事を通じて知り合う人のほうが多いはずです。

なのに、家族や友達だけが幸せになるように面倒を見ていたら、家族や友達からしか応援されません。せっかく社会と接する仕事をしているのですから、多くの人と関わって、多くの人を幸せにして、そしてその多くの人から幸せを分け与えてもらいませんか。

私は、昔、幸せは自分で手に入れるものだと思っていました。幸せとは、苦労がないことだとも思っていました。だから、苦労や苦痛を避けていました。しかし、苦労があってこそ幸せだと思えるようになると、その苦労は苦労ではなくなるのです。

多くの人のお役に立とうとしたら、そりゃ大変です。1人よりも10人、10人よりも100人を幸せにすることは、1よりも100倍大変です。でも、その100の人を幸せにすることで、100の笑顔が見られて、その人たちから少しずつ幸せを分けてもらえたら、それは1人を幸せにして感じた幸せの100倍も幸せを感じることができるのです。

ですから、仕事で沢山頑張ることが、自分の幸せになるのです。

5　そんなもんだと思えばいい

逆走するベルトコンベアの法則

人生は、逆送するコンベアと同じです。貴方が向かおうとしている道は、逆走するベルトコンベア。

だから、一生懸命に足を進めないと前には進みません。足が止まっていたら、元居た場所まで戻ってしまいます。ここで、「自分には無理」となる人が多くいます。でも、一気に走りきって、ベルトコンベアの先にあるステップにひょいと登ってしまえば、もう元には戻らないのです。これを人の成長や、気づきといいます。

人生嬉しいことと為になることしかない

昔、「もうダメだ！　これで人生は真っ暗だ！」というような辛い経験をした人は、その経験は決して無駄にはなっていません。なぜなら、今、貴方は、こうして幸せに生きているからです。もうダメではなかったからです。それどころか、貴方は、その辛い経験をしたことで、もう2度とそんな経験をしたくないからそうならない方法を知っています。

また、もし、同じような辛いことが起こったら、今度は軽く乗り越えられます。なぜなら貴方は、それを乗り越えたのですから。

人生の辛い経験や嫌なことは、必ずその後の人生で為になったこととして活かされます。

「向いてません」は、貴方が決めることではありません

よく、仕事をしていて、上手くいかない人が、「私には向いていません」と言います。でも、周りから見たらシッカリとやっていて、決して向いていなくは見えません。そんなことを言うときは、

自分がその仕事が嫌いだからです。向いているかどうかは、周りの人が決めることです。向いているかどうかで悩むより、嫌いならどうやって好きになるかを考えたほうがいいですね。

赤い服を着た素敵な女性がいたとします。その鮮やかな赤色は彼女の魅力を引き立てています。でも、彼女は、「私は赤が似合わないんです」と言ったとしましょう。これっておかしいですよね？だって、それを決めるのは、周りなんですから。

小さな扉を開き続ける

小さな目の前の「やる」と決めたことができない人が、大きな目標や夢を叶えられるはずがありません。目の前の小さなことの積み重ねの先に、大きなことがあるのです。大きな夢を持つことだけが素晴らしいのではなく、小さなことを積み重ねて大きなことに繋げていければいいのです。

目の前の小さな扉を本気で開ける！　そして階段を1歩上がって、またそこにある小さな扉を開ける―これを続けていると、やがて大きな扉が現れます。貴方は、また次の階段と扉があると思って、その扉を思いっきり開けます。

その先には、自分が上がった階段の数だけ高くなった丘の上から広がる、素晴らしい景色が広がっているのです。

夢の持てない人も悲観することはありません。毎日の仕事を誰よりも本気で取り組んでいると、次々にできることが増え、やがてその先の夢が見つかるのです。

夢がなければ人の夢を応援する

夢がなければ人の夢を応援すればよいのです。そうすることで、その人の夢が自分の夢に変わることだってあります。その夢を追っている人と一緒に感動できたら、次の夢が見つかるかもしれません。その人がどんな気持ちでその夢を持ったのか、その人はどうやって夢を実現していくのか、すべてが自分が夢を持ったときのシュミレーションです。

人の夢を応援することで、その応援した人の夢が叶います。これは、「夢は人の役に立つこと」という私なりのルールからいっても、完全にその人の役に立っています。ほら！　また1歩夢の持ち方が見えてきたのではないでしょうか。

夢は目の前のことでもいい

夢がなければ、目の前のことを夢だと思って、頑張って取り組んでみてください。それだけで、貴方の仕事に対する考え方が大きく変わるはずです。だって、夢は諦めないものであり、絶対に叶えたいことです。目の前の小さな仕事をそんな気持ちで行えば、必ず驚くような結果が出ます。

福島正伸さん（株式会社アントレプレナーセンター代表取締役）がよく講演でもおっしゃいますが、コピーを取るという仕事でも、「よし、このコピーを世界平和の為に取るぞ〜！」と決めれば、それは自分の夢の実現への道になります。

貴方は、そのコピーをどんな顔をして依頼した上司の所に持っていきますか。きっと充実感と達成感と幸せ感に溢れた顔をしているのではないでしょうか。

幸せだから笑顔になるのではない、笑顔でいるから幸せになれる

もし、目の前の仕事で失敗が続き、毎日会社に行くのが辛いときがあれば、とにかく笑顔で挨拶をしてみてください。笑顔で挨拶をされて怒る人はいないはずです。それどころか、周りの人も朝から明るい気持ちになって、幸せになれるのではないでしょうか。

実は、この笑顔こそ、最高の幸せの印なのです。笑顔があるだけで、業績がよくなった会社があります。笑顔でいたら、ガンが治ったという人もいます。笑顔でいたら、いろんな人が声を掛けてきます。ご縁も増えます。

笑顔こそ、幸せに働く為の、最大の武器なのです。

何か1つ、人の役に立つことを続ける

仕事を通じて幸せを感じられない人の多くは、仕事で成果が上げられていない人です。なぜなら、仕事で成果を出せていたら、上司やお客様に認められたり褒められたり、当てにされたりします。だから、夢や目的がなくても勝手に幸せな気分になれるのです。

でも、営業成績が悪かったり、ミスが多かったり、上司に怒られてばかりいると、気持ちも落ち込み、居場所がなくなり、そして仕事が嫌になってしまいます。

そんな人は、何か1つでいいから、人の役に立つことを朝一番にやり続けましょう。朝一番に出社して、鍵を開けるでもいいし、毎日トイレ掃除や玄関掃除でもいいし、毎日1枚感謝のハガキを書くでもいいんです。朝、大きな声を出して、笑顔で挨拶ももちろんＯＫ!!　とにかく、人が喜ぶとか、人に感謝するとか、そういうことを1つ決めて、やり続けてください。

これには終わりがありません。ずっとです。なぜなら、これを続けられる人がいないからです。誰にでもできる簡単なことです。なのに、「続ける」というのは、誰にもできないことです。

これを続けると、まず、自信がつきます。そして、人の役に立っていたり、感謝の気持ちを持つことで、気持ちが清々しくなります。笑顔になります。朝一番からこんな気分になったらやばくないですか。誰もそんな気持ちで仕事を始めないのに、自分だけ気分爽快ＭＡＸＸ!!　なのですから。

6　最大の幸せは感謝の気持ち

人に感謝のカードやハガキを書く

私は、毎日、会社のメンバーにサンクスカードという感謝のカードを書いています。これは、会社で取り組んでいることです。

そして、毎日、５枚ほど感謝のハガキを書いています。出会った方や日頃お世話になっている方、昔の取引先の方や自転車屋の丁稚奉公時代の社長にも出します。

人へ感謝の気持ちを伝えることは、かなり幸せな気持ちになれます。感謝の気持ちを伝えるときってどんな気持ちですか。伝えられた方はどんな気持ちになりますか。そうなんです！　お互いがハッピーな気持ちになるのです。

カードやハガキに感謝の気持ちを書くだけで、人は幸せな気持ちになれることに気づきました。社内では、「昨日は美味しいお茶を入れてくれてありがとう！」「ハガキを出してくれてありがとう！」から、「朝礼で笑顔が増えたね！　ありがとう！」「最近、営業の調子よさそうだね！　ありがとう！」など、様々です。

もし、カードにできなくても、何かひと言周りの人に「ありがとう」を伝えることをしてみてください。「ありがとう」を言うためには、その人と関わらなければなりません。口も利かず、仕事も離れていたらありがとうは言えません。

感謝の気持ちを意識することで、その人に興味が湧いてきます。一生懸命その人を知ろうとします。ですから、益々コミュニケーションも取りやすくなり、社内のムードまでよくなるのです。

以前、社内でこんなエピソードがありました。

ある女性が、仕事はできるが、人の欠点や足りないことについて、指摘する癖がありました。前述した「自立」に満足していたのです。

しかし、ある日、サンクスカードを沢山書くと決めて、沢山の人にサンクスカードを送り、社内で一番サンクスカードを書くようになりました。すると、彼女は、周りの人からも沢山のサンクスカードを貰うようになり、社内一のサンクスカード推進者になったのです。

最大のストロークは感謝の言葉

前述したように、人は自分の言葉を自分が一番聞いています。マイナスの言葉を言うと、その言葉を一番聞いているのも自分なので、ドンドン気持ちがマイナスになっていきます。

「もうダメだ…」と口にすると、本当にダメになってしまいます。

逆に、プラス言葉は、ストロークといって、人の気持ちまでプラスに変えてくれます。だから、てっぺんの朝礼では、「絶対できる！」「やればできる！」「日本一！」など、プラスの言葉を連呼します。

朝からプラスの言葉のシャワーで気持ちが一気にプラスになるからです。

そのプラス言葉の中で、最も人が幸せを感じたり、やる気になるのが、感謝の言葉だといわれています。

人は、感謝の言葉を口にするだけで、気持ちがプラスになります。辛いときにも、感謝の気持ちを表現すれば、やる気になれます。

私は、これを自家発電と言っています。勝手に自分の心のスイッチに火をつけられる最大の言葉が感謝の言葉なのです。

あとがき

本書を最後までお読みいただきありがとうございました。

私は、平凡なサラリーマン家庭に生まれ、自分も平凡なサラリーマンになると思っていました。私の周りの大人は、皆そうだったからです。しかし、高校を卒業するときから私の人生は大きく変化していきました。「経営者になる！」という夢を持ち、誰も教えてくれない自分の人生に、もがき、苦しみ、逃げ出したいことも沢山ありました。

しかし、そんなとき、「もうダメだ…」と思うところで、何か心の中に「コツン」という音が聞こえ、それと同時に方向を決めて進む「決意」が出てきたように思います。

年齢とともに、「人生に正解はない！」、そう思えるようになったとき、「未来は自分の中にあるのだ」と確信しました。

ちょうどその頃、大嶋啓介さんと出会い、自分の未来をイメージすることができました。大嶋さんは、私が目指す「自ら輝き、人を輝かせる天才」です。眩しくて直視できないくらいに衝撃を受け、「自分もこうなりたい！」と決意しました。大嶋社長とお会いしたことで私の人生は大きく変わりました。本当にありがとうございます。

そして、４年前、「出稼げば大富豪」の著者である、クロイワ・ショウさんと出会い、バリのアニキに会いに行く機会に恵まれました。アニキは、自らが説く「人を幸せにすることで自分も幸せになれる」という法則をバケラッタ級に実践されていました。「世の中にこれほど人のことを考えている人がいるのか」と驚くとともに、アニキに少しでも近づきたいと3年間アニキの元を訪ね、弊社の特別顧問にもなっていただけるようになりました。

アニキとのご縁を繋いでいただいたクロイワ・ショウさん、そしてバリ島の丸尾孝俊アニキ。このようなご縁をいただいたことに感謝。バリバリＭＡＸＸ！ です。

こうして考えると、私は、沢山の方たちのお陰で今があると、感謝の気持ちで一杯になります。私を自転車屋に住込みで働かせてくださった鈴木洋社長とご家族の皆様、共同経営で会社を始めた株式会社ナスカの井上昌宏社長、創業時、私たちをサポートしていただいた宮川印刷株式会社の宮川芳夫会長、私に本を書くという次なる目標を与えてくださった夢現塾の皆様、今まで私と一緒に働いてくれた多くの仲間達、そして、今、私がこうして執筆活動ができるように支えてくれているメンバーの皆さん、私の出版をサポートくださったインプルーブの小山社長、そして、最後に、私を産んでくれた両親に感謝を申し上げます。

著者略歴

永田 咲雄（ながた さきお）

1961年京都生まれ。高校卒業と同時に横浜の自転車屋で丁稚奉公を勤める。25歳で起業。

株式会社ビイサイドプランニング代表取締役。

株式会社滋賀レイクスターズ取締役。

自らのミッションを「熱く！熱く！元気発信！」と決め、社内外の人の心にスイッチを入れることを日常としている。テレビ朝日・ナニコレ珍百景、関西テレビ〈ウラマヨ〉、ＮＨＫ〈モーニングワイド〉、テレビ東京〈ワールドビジネスサテライト〉などに多数出演。

滋賀県倫理法人会朝礼委員長として活力朝礼の普及に尽力。会社は創業30年を機に事業承継の準備を進める。

心のスイッチに火をつけろ！

「元気発信朝礼」で働き方も変わる

2015年5月21日発行　2015年7月6日第3刷発行

著　者　永田　咲雄　© Sakio Nagata

発行人　森　忠順

発行所　株式会社 セルバ出版

〒113-0034

東京都文京区湯島1丁目12番6号 高関ビル5B

☎ 03（5812）1178　FAX 03（5812）1188

http://www.seluba.co.jp/

発　売　株式会社 創英社／三省堂書店

〒101-0051

東京都千代田区神田神保町1丁目1番地

☎ 03（3291）2295　FAX 03（3292）7687

印刷・製本　モリモト印刷株式会社

ISBN978-4-86367-203-1